CATALOGUE

D'UNE BELLE COLLECTION

D'ESTAMPES

ET

DESSINS,

DONT LA VENTE PUBLIQUE A

VIENNE

(EN AUTRICHE)

LE 23 MARS 1842.

CE CATALOGUE SE DISTRIBUE

à Vienne:

chez **Sigism. Bermann,**

marchand d'estampes de la Bibliothèque Imp., Himmelpfortgasse Nr. 948.

Dans les provinces et à l'étranger:

chez tous les marchands d'estampes et libraires qui se chargent en même tems des commissions.

VIENNE, 1842.

Imprimerie d'Ant. Benko.

La collection d'estampes que l'on offre aux enchères publiques en ce moment, a été colligée par un amateur plein de goût et de discernement. Elle renferme des pièces belles et rares de *G. Audran*, *Berghem*, *Bleker*, *Bolswert*, *Cort*, *Dietricy*, *Durer*, *Earlom*, *Gelée (Claude-Lorrain)*, *H. Goltzius*, *Hogarth*, *Hollar*, *P. de Laer*, *L. de Leyde*, *Mantegna*, *Marc-Antoine*, *Nanteuil*, *Ossenbeck*, *P. Potter*, *H. Schäufelein*, *Smees*, *Stoop*, *Uytenbroek*, *Vaillant*, *Van de Velde*, *Vlieger*, *Vliet*, *Wille*, *Wyck*, *Woollett*, *Zagel*, *Zeemann* et de quantité d'autres bons maîtres.

Les indications particulières relativement à la qualité des estampes ont été rapportées avec exactitude et impartialité.

Les numéros en parenthèses se refèrent au *Peintre-Graveur* de M. d. Bartsch.

Le soussigné est chargé de mettre les objets sur table et recevra volontiers les commissions qui pourront lui être adressées. Toutefois *ces commissions doivent être accompagnées ou d'une lettre de crédit ou d'un effet à vue* qui le mettent à même de pouvoir toucher sur le champ le montant des numéros acquis.

Les payements se feront en florins, argent de convention.

Sigismond Bermann.

Nro.

ALBERTI, CHERUBIN.

1. Le Martyre de St. Etienne; d'après le maître Roux (51) Second état 1

ALBERTI, IGNACE.

2. La mère du Sauveur; la Vierge assise sur des nuages tient l'enfant Jésus debout sur ses genoux, elle est entourée d'une multitude d'anges, d'après A. Maulpeutsch, Fol. en h. — Groupe de deux Enfans assis, d'après Rubens. Fol. en l. 2

ALIAMET, JACQUES.

3. La bergère prévoyante; d'après F. Boucher. tr. gr. Fol. en h. 1

ALT, JACQUES.

4. Borgo Vico bey Como in der Lombardie, Fol. en l. Lithographie coloriée 1

ASKAY, CHARLES.

5. Pass of St. Alessio between Taormina and Messina — Bay of Palermo, d'après P. Dewiut; Fol. en l. . 2

AUBIN, AUGUSTIN D'.

6. Jacques Dumont le Romain, Peintre du Roi; d'après C. N. Cochin; 4to. — Charles Antoine Jombert, Libraire du Roi; d'après le même; 4to. . . . 2

AUDENAERD, ROBERT VAN.

7. Le Mystère du Rosaire, d'après Ch. Maratte; Flores mei fructus honoris etc. grande compos. en h. . 1

8. Martyre de St. Blaise, Evêque de Sebaste: Ubi multae etc. d'après le même; tr. gr. Fol. en h. . . 1

AUDRAN, CHARLES.

9. St. François à genoux en prières; d'après Ch. Mellan. Carol. Andran Paris sculp. In Fol. en h. Collée 1

AUDRAN, BENOIT.

10. Le serpent d'airain, très riche Composition; d'après Ch. le Brun; tr. gr. Fol. en l. Second état. Picart Rom. excudit. 1

Nro.

11. **La Purification de la Ste. Vierge ou Simeon au temple; d'après le même. tr. gr. Fol. en h. Belle épreuve. Rare 1**

AUDRAN, GERARD.

12. Jugement de Salamon; d'après Ant. Coypel. tr. gr. r. Fol. en l. Belle épreuve avec la première adresse 1
13. La Ste. Madeleine en désert; d'après Licherie (Louis Lichery); gr. Fol. en l. G. Audran aux 2 piliers d'or rue S. Jacq. avec pr. du Roi . 1
14. Coriolan devant la ville de Rome fléchi par sa mère, sa femme et ses enfans; belle composition, d'un grand style. Ainsi... l'orgueil; d'après Nic. Poussin; gr. imp. Fol. en l. Premier état et très belle épreuve en deux planches non jointes d'un ton vigoureux. 1
15. Scipion usant de clémence pour ses captifs; d'après Jules Romain, Fol. en l. grav. à l'eau forte. Premier état 1

AUDRAN, JEAN.

16. Esther devant le Roi Ahsverus; d'après Ant. Coypel; tr. gr. Fol. en l. Belle épreuve . . 1

AVELINE, PIERRE.

17. La Mort de Senèque; d'après Luc Jordans; tr. gr. Fol. en l. 1

AVRIL, JEAN-JACQUES.

18. Le retour de la pêche, sur le devant trois grandes figures; d'après Vernet, tr. gr. Fol. en l. . . 1
19. Les voyageurs effrayés par le coup de tonnerre; d'après le même; tr. gr. Fol. en l. pendant et belle. . 1
20. Le passage du Rhin, grand combat de Cavalerie; d'après Nic. Berghem; tr. gr. r. Fol. en l. belle épreuve 1
21. César Auguste; d'après la statue antique du Musée français; gr. Fol. en h. 1
22. Nymphe; d'après la statue antique du Musée Français; gr. Fol. en h. 1

AD (BRULLIOT I. 246.)

23. La Tempeste; d'après J. Vernet; gr. Fol. en l. Belle 1

BADOUREAU.

24. Portrait de Jésus Christ; d'après Titien; tr. gr. r. Fol. en h. pointillée 1

Nro.

25. Portrait de la Sainte Vierge; d'après le même; tr. gr. r. Fol. en h. Idem 1

BACHELEY, JACQUES.

26. Vue des environs d'Utrecht, et Vue du château de Ryswick, d'après J. Ruysdael, gr. Fol. en l. Deux est. 2

BAILLIE, WILLIAM.

27. Une jeune fille assise sur une chaise, vue jusqu' aux genoux, tenant de ses deux mains un livre ouvert, dans lequel est une estampe; d'après G. Dow; ovale in Fol. Heinecken II. p. 34. 1
28. Le char de Soleil ou l'Aurore; d'après le Guide, ovale en l. en couleurs; p. 36. 1
29. Une Bacchanale de trois enfans. Que me Bacche etc. d'après A. Milani; in gr. 4to. en l. p. 36. . . 1
30. Les Orphelins de la Paroisse, d'après le Nain; gr. pièce en manière noire. 1771. p. 38. Epreuve avant toute lettre et les noms des Artistes. Rare. 1
31. Cinq Cupidons qui prennent un lièvre; d'après N. Poussin 1779. ovale en l. p. 40. . . . 1
32. Une Vanité, un enfant qui fait des boules. de savon; d'après Rubens; in 4to. p. 44. Pièce très rare, la planche était détruite. Très belle épreuve. . 1
33. Des Soldats qui se querèllent sur le jeu, demi-figures, d'après Valentini; gr. pièce en l. 1769. p. 45. . 1

BALZER, ANTOINE.

34. Vue de la ville de Salisbourg de la montagne des Capucins. Vue de la ville de Salisbourg de la montagne des moines. — Le Fort de Werffen. — Le Krottensee. — Chûte du Schafbach dans la vallée d'Hintersée. — Le moulin près de la chûte du Schafbach dans la vallée d'Hintersée. — Le lac de Zell. — Le lac de Wolfgang. — Dessinées et gravées d'après la nature par Antoine Balzer 1802; r. Fol. en l. Coloriées. Suite complète de 8 est. 8

BAQUOY.

35. St. Jean Baptiste et Jésus; d'après le Guide. gr. Fol. en h. 1

Nro.

36. Diane; d'après la statue antique; gr. Fol. en h. . . . 1

BARRY, JAMES.

37. Orpheus instructing a savage People in Theology and the Arts of social Life; tr. gr. Fol. en l. Painted, Engraved et Published by James Barry, R. A. Professor of Painting to the Royal Academy, May 1. 1791. Rare et belle 1

38. A Grecian Harvest-Home; tr. gr. Fol. en l. Painted, Engraved et Published by Jam. Barry, R. A. Professor etc. May 1791. Rare et belle . 1

BARTOLI, PIETRO-SANTO.

39. L'Adoration des Rois; d'après Raphaël; composition très riche, faite pour les tapisseries au Vatican; tr. gr. imp. Fol. en l. en trois pièces. Pièce capitale du graveur et rare 1

40. Jupiter — Mars — Diane — Mercure; d'après le même; in 4to. Suite complète de quatre estampes . 4

41. Jupiter qui arrête Jo, Junon dissipe le brouillard; d'après P. Testa; Fol. en l. — St. Pierre delivré de la prison; d'après Ann. Carrache; Fol. en l.

BARTOLOZZI, FRANÇOIS.

42. Perseus et Andromède; d'après J. B. Cipriani, Fol. en h. pointillée.

43. The Woman of Samaria; d'après W. Hamilton, gr. Fol. en h. grav. au burin 1

44. Shakspeare. Twelfth Night. Act V. Sc. I. d'après le même; tr. gr. Fol. en l. Belle. 1

BARTSCH, J. ADAM DE

45. Oczakow prise et emportée d'assaut par les troupes Russes commandées par le F. M. Prince de Potemkin; d'après Fr. Casanova; tr. gr. r. Fol. en l. . . 1

BAS, JACQUES PHILIPPE LE.

46. L'alliance de Bacchus et de Vénus; d'après N. Coypel; gr. Fol. en l. 1

47. Le Chasseur fortuné; d'après C. van Falens. gr. r. Fol. en h. 1

Nro.
48. Rendez-vous de Chasse; d'après le même; gr. r. Fol. en h. 1
49. Le Paradis terrestre; d'après Abr. Hondius, maître de Teniers; gr. Fol. en h. . . . 1
50. David Teniers et sa Famille; d'après D. Teniers; gr. Fol. en l. 1
51. Petite vue de Flandres. — 8e. vue de Flandre; d'après le même; Fol. en l. 2

BAUDET, ETIENNE.

52. Moïse frappant le rocher. Cum devasset jumenta; d'après N. Poussin; tr. gr. roy. Fol. en l. Très belle épreuve 1

BAUSE, JEAN-FREDERIC.

53. Joh. August Ernesti; d'après Ant. Graff; Fol. en h. — J. F. Jérusalem; d'après Anton Graff. Fol. en h. . 2
54. Johann Peter Uz; Fol. en h. — Christian Felix Weisse; d'après Anton Graff; Fol. en h. . . . 2
55. G. J. Zollikofer; d'après le même; Fol. en h. . 1

BEATRIZET, NICOLAS.

56. Titius déchiré par un vautour; d'après Michel-Ange(39). Ant. Salamanca excudebat . . 1
57. Les Tireurs d'arc. Des jeunes hommes tirant sous le feu d'Amour au blanc d'un but affiché à la statue de Priape; d'après Raphaël; Fol. en l. la gravure est attribuée à Beatrizet. Heinecken N. 20. Premier état: Ant Lafrery Romae, et très belle épreuve. 1

BEAUVARLET, JACQUES-FIRMIN.

58. La mort d'Adonis; d'après Alex. Turchi dit l'Orbetto ou le Véronèse; Fol. en l. . . 1
59. L'incrédulité de St. Thomas; d'après Math. Pretti; gr. Fol. en l. Commencée par J. Canale, term. par Beauvarlet 1

BEGEL.

60. D. Joh. Salomo Semler, in Acad. Hallensi Professor Theologiae ab anno 1751. Begel ad viv. del. et sc. . 1

Nro.

BELLA, ETIENNE DE LA.

61. Les Maures, Hongrois, Asiatiques et Africains à cheval dans des ronds. Heinecken Pag. 396. N. 175. Suite complète de onze pièces. . . 11

62. Six Estampes d'Animaux dans des ronds sur des cuivres quarrés; pag. 413. N. 128. . . . 6

BELLEFONDS, P.

63. Esculape et Telesphore; d'après la statue antique; gr. Fol. en h. 1

BEMMEL, PIERRE VAN.

64. Deux paysages; gravés à l'eauforte. pet. Fol. en l. . 2

BENDIX, B. H.

65. Nathan und der Tempelherr; d'après J. C. Frisch. 1806. gr. Fol. en h. Belle 1

BENOIT, ANTOINE.

66. Dix Portraits de Louis le Grand en différents âges sur une planche 1704. A. Benoit invenit et pinxit . 1

BERGER, DANIEL.

67. Die Mausfalle (La sourricière), Scène de Hamlet; d'après D. Chodowiecki. Fol. en l. . . . 1

BERGHEM, NICOLAS.

68. Les Vaches à la Laitière. 1) Pâtre. La Laitière appuyée sur une pierre, on y lit: C. P. Berghem Fesit et Excud. 1644. 2) Une vache marchant vers la droite. 3) Une vache vue de profil et dirigée vers la gauche. 4) Une vache marchant vers le devant à gauche. 5) Une vache vue par derrière, elle dirige ses pas vers le fond à droite. 6) Une vache vue de profil, marchant vers la gauche (23—28) Suite complète de six Estampes. Premier état avant les ciels terminés du Cab. Gabet. Très rares. Très belles épreuves. . . 6

BERNARD, JEAN.

69. Buste d'une jeune fille tenant un chien, grandeur naturelle; d'après Greuze. grav. en manière noire. Très belle 1

70. Jupiter et Antiope; d'après Palma giov. gr. Fol. en l. 1

Nro.

BERTELLI, LUCAS.

71. Le denier de César; d'après Dom. Campagnola. gr. Fol. en l. Rare. 1

BIERMANN, PIERRE.

72. Paysage avec des chasseurs; d'après Wouvermans. gr. Fol. en l. gr. au-lavis. Avant toute lettre. 1

73. Paysage avec des Chasseurs; d'après le même. gr. Fol. en l. Idem. Idem. 1

74. Six views of Switzerland, drawn on the spot by P. Birmann, engraved by Reinermann. 1822. pet. Fol. 6

BINK, JACQES.

75. David vainqueur de Goliath 1526. (5) Belle. . 1

BLEKER, J. G.

76. Jacob s'entretenant avec Rachel (3) Collée et coupée d'une pouce tout autour . . . 1

77. Paul et Barnabé à Listre (5) Belle épreuve collée 1

BLOEMART, ABRAHAM.

78. Ste. Cécile jouant de l'orgue, deux anges l'entourent; pet. Fol. en h. Johannes Starterus ex. Collée. Rare 1

BLOEMART, CORNEILLE.

79. Tirsinie, mère d'Harmonille, changée en oranger; d'après Fr. Romanelli. Fol. en h. Belle épreuve . 1

80. Les Hespérides offrant des fruits aux dieux marins; d'après N. Poussin. Fol. en h. Idem. . . . 1

81. Les Dieux marins apportent les orangers à l'Italie; d'après Fr. Albane. Fol. en h. Idem. . . . 1

82. La Ste. Trinité; d'après P. F. Mola. Fol. en h. Collée. — La continence de Scipion. — Antiochus ne voulant pas se fier à l'Amour. — Seleucus Stratonice et Antiochus; d'après P. Beretin. Fol. en h. La dernière pièce est gravée par J. Visscher. 4

BODENEER, GABRIEL (né en 1664.)

83. La Danse Flammande. Gravé par Gabriel Bodeneer d'après le tableau de David Teniers. Printed for Carington Barles in St. Paul's Church yard London. Fol. en h. en man. noire. Très belle gravure et rare . . . 1

Nro.

BOIVIN, RENÉ.

84. Assemblée des Dieux, sujet de Plafond; d'après le maître Roux. tr. gr. Fol. — Les trois Parques représentées par trois filles nues; d'après Primaticcio. Fol. en h . 2

BOL, HANS.

85. Le sacrifice de Noë d'après la sortie de l'arche. gr. Fol. en l. — J. Christ en désert tenté par le démon. Fol. en l. H. Bol inv. Sader exc. Paysage avec des chasseurs etc. Fol. en l. H. Bol inv. Joh. Sad. excud. . . 3

BOLSWERT, SCHELTE à

86. La nativité ou adoration des bergers (avec les grands ombres portés) Salvator noster... Ratio; d'après Rubens. tr. gr. r. Fol. en l. Hecquet N. 12. Cor. van Merlen excudit A. 1

87. L'ascension de N. S. Videntibus illis... est; d'après le même. gr. Fol. en h. N. 107. Premier état avant l'adresse de vanEnden. Rare. Belle épreuve 1

88. Conversion de S. Paul, belle compos. avec dédicace à Ant. Triest; d'après le même. tr. gr. Fol. en l. N. 114. Pièce capitale et très rare. Belle épreuve . 1

BONASONE, JULES.

89. Ste. Famille; grande compos. de dix personnes; d'après J. Romain. (68) Très rare. . . . 1

BONATO, PIERRE.

90. Les trois Grâces debout et vues j'usqu' aux genoux; d'après A. Canova. gr. Fol. en h. . . . 1

91. Mausolée de l'Archiduchesse M. Christine; d'après le même. tr. gr. r. Fol. en h. 1

BONAVERA, DOMENICO.

92. Ste. Christine martyrisée, d'après Dom. M. Canuti; gr. Fol. en h. Collée. 1

BOURDON, SEBASTIEN.

93. Les Oeuvres de Miséricorde. Suite de sept pièces numerotées en chiffres romains; gr. r. Fol. en l. P. G. Fr. I. 2—8. Pièces capitales et recherchées. Premier état avec l'adresse de l'Auteur (avant celle de Mariette.)

BOURGOIS, J. B. H.

94. Posidippe, d'après la statue antique; gr. Fol. en h. . 1

Nro.

BOYDELL, JOHN.

95. Jason; d'après Salv. Rosa. tr. gr. Fol. en h. . 1

BREEMBERG, BARTHOLOMÉE.

96. Joseph fait distribuer du bled en Egypte à ses frères. Riche et grande compos. Erat fames ... vendebantur. Marqué: Barth. Breembergh inv. et pinx. tr. gr. r. Fol. en l. Cette belle Estampe qu'on attribue ordinairement à Epiccopius doit appartenir à la pointe de Breemberg. . . . 1

BRION, E.

97. Le repos de la Ste. Famille en Egypte; d'après Raphaël. Fol. en h. 1

BRUGGEN, J. VAN DER.

98. Vénus endormie, trois Satyres l'épient; pet. Fol. en h. Grav. en manière noire d'une bonne exécution. Rare. 1

BRUN, GABRIEL LE (frère de Charles le Brun).

99. Les quatre parties du jour; sujets de conversations; Fol. en h. Au milieu par le pliément un peu endommagées . . 4

BRUYN, NICOLAS DE.

100. Susanne et les Vieillards; tr. gr. r. Fol. en h. Collée 1

101. Grand paysage où l'on voit le Prophète Elisée faisant dévorer par des ours des enfans; — Grand paysage où est le Prophète Osea en prières; d'après G. Coninxloo; tr. gr. Fol. en l. Deux Copies d'après N. de Bruyn . 2

BROWNE, JOHN.

102. Apollo and the Sibyl; d'après Salv. Rosa. tr. gr. roy. Fol. en l. Très belle épreuve . . . 1

BUSCH, J.

103. Fête de Bacchus, représentée sur une Camée du Cabinet du Roi de France, nommée: le Cachet de Michel-Ange, gr. en bois par J. Busch et imprim. en clair-obscur. Ovale gr. Fol. en l. 1

BYRNE, WILLIAM.

104. Beau paysage montagneux, au milieu des pêcheurs près

Nro.

d'une chûte d'eau ; d'après Zuccarelli. gr. Fol. en l. Les figures sont gravées par F. Bartolozzi 1

c. B. (N. 45 de Monogrammes du P. Gr.)

105. Charles V, et Ferdinand son frère. (3) Très belle 1

106. L'Orgueil devance la ruine. Ou voit à la gauche du devant un homme à cheval allant au galop, et tenant une femme en croupe; il se retourne vers un vieillard qui tient une béquille dans la main gauche, dans le fond à droite un soldat qui porte un coup de sabre à son camerade jeté en terre. Au milieu en haut l'Inscription: Hoffart get vor dem Verderben und Stoltzer muot vor dem Fall. Spruch Salomo XVI. CMDXXYI. Le monogramme de l'artiste est au bas de la droite et à gauche le Nr. 59. Lang 10. p. 66. Haut 9 p. 66. Pièce inconnue à Bartsch. Rare et belle 1

CABEL, ADRIEN VAN DER.

107. Le château (22) 1

CANUTI, DOMENICO-MARIA.

108. Christ mort sur les genoux de la Ste. Vierge entouré de Joseph, d'Arimathée, de St. Jean et de Ste. Madelaine. Haut. 5. p. 7. i. Marge 1. p. 4. l. Lang 5. p. 7. l. gravée à l'eau-forte d'une pointe très spirituelle. Non mentionnée au P. P. T. XIX., mais dans Gori. Epreuve avant la dédicace, les armes blanches. Rare. 1

CARMONA, SALVADOR.

109. D. Antonio Rafael Mengs, primer Pintor de Camara del Rei; d'après Mengs. Fol. en h. 1

CAPRIOLI, ALIBRANDI.

110. Moïse présentant à Aaron la tribu de Levi pour offrir un sacrifice au Seigneur, Raphaël de Reggio inv. A. C. Fec 1

CARAGLIO, JACQUES.

111. Ste. Famille; d'après Raphaël (5) Second état avec les points sur le côté clair du berceau. Très belle épreuve. 1

112. Le Martyre de St. Pierre et de St. Paul; d'après le Parmesan (8.) Second état, mais avant l'adresse de Salamanca 1

Nro.

CARONI, PAOLO.

113. Riposo in Egytto ; d'après C. Procaccini. gr. Fol. en h. 1

114. Ste. Famille: L'enfant Jésus est couché sur une table, la Vierge soulève le linge qui couvrait la tête de l'enfant, St. Joseph est dans le fond tenant un bâton à la main; d'après Raphaël; gr. Fol. en h. Belle épreuve 1

CARRACHE, AUGUSTIN.

115. Jésus et la Samaritaine 1580 (26) In Bassano per il Remondini 1

116. Le corps mort de Jésus Christ; d'après Paul Véronèse (102) Second état: Giacomo Franco Forma . 1

117. Orphée retirant Euridice des enfers (123) Premier état. Venetiis Donati Rasciotti formis. Très belle épreuve. Rare 1

CARRACHE, LOUIS.

118. La St. Vierge aux anges. Quatre anges rendant hommage à l'enfant Jésus qué la St. Vierge assise tient sur les bras (2) Premier état; Petri Stephanony Exc. Très belle Epreuve. Rare . . . 1

CARRÉE.

119. L'Attention, tête d'un jeune homme. — La Joie tranquille; tête d'une jeune femme, grandeur naturelle; d'après Bouliard, en man. crayonnée . . . 1

CARS, LAURENT.

120. Adam et Eve tentés par le serpent; d'après le Moïne; Fol. en h. — L'adoration des bergers; d'après Ch. Vauloo. gr. Fol. en h.

CASTIGLIONE, JEAN BENOIT.

121. Les équipages de Jacob. (4) Rome apud F. Frey 1740. 1

122. La femme assise dans des ruines (26) . . 1

123. Le jeune pâtre à cheval (28) Anc. épreuve . 1

CAUKERKEN, CORNEILLE VAN.

124. L'intérieur d'un cabaret, où l'on voit des paysans ivres se battant à coup de couteau etc., il y a six vers latins au bas: Dum videt ignave telluris etc. d'après Molenaer; gr. Fol. al. Belle Epreuve. Rare . . . 1

Nro.

CAVEDONE, JACQUES.

125. Le jeune Tobie (1) Rare. 1

CAZENAVE.

126. Douce Rêverie; d'après Fragonard; Fol. en h. . 1

127. La Volupté; d'après Regnault de Rome; Fol. en h. 1

CHALLION, ELISABETH.

128. Eloise et Abeilard reçoivent du Prêtre la Bénédiction nuptiale; d'après J. B. Huet; gr. Fol. en l. pointillée et coloriée 1

CHARPENTIER, PIERRE-FRANÇOIS.

129. Les travaux de la bergère; et le repos du berger; d'après Berghem; deux estampes en Fol. en l. . 2

130. Isles de l'Archipel; d'après F. Vernet; gr. r. Fol. en l. 1

CHATILLON, LOUIS.

131. Léda; d'après N. Poussin; Fol. en l. Rare. . 1

CHATILLON, H. P.

132. L'enfant à l'oie et le tireur d'épine, d'après les marbres antiques au Musée Français, sur la même planche; tr. gr. Fol. en l. 1

133. Sacrifices aux Lares; d'après un basrelief antique; gr. Fol. en l. 1

CHENU, PIERRE.

134. Le supplice de Promethée; d'après Pierre; gr. Fol. en h. 1

CHEREAU, PIERRE.

135. Vue des Campagnes d'Arcadie, où se trouve le tombeau d'une jeune bergère avec son épitaphe; d'après N. Poussin; tr. gr. Fol. en l. 1

CLAIR-OBSCURS DES MAITRES ITALIENS.

136. La Vierge accompagnée de quelques Saints; d'après le Parmesan (III. 24.) 1

137. Diane; d'après le même (VII. 9.) par Ant. de Trente. 1

138. Hercule étouffant le lion de Nemée; d'après Raphaël (VII. 16.) Tirée d'une seule planche. . . 1

CLERC, JACQUES-FREDERIC.

139. Christiane Princesse Lichnowsky née Comtesse de Thunn; d'après Graci; ovale Fol. — Prince Charles de Ligne; d'après le même; ovale Fol. Avant toute lettre . 2

Nro.

CLERC, SEBASTIEN.

140. Suite de six paysages en largeur in 4to. Jombert N. 258. 6
141. L'Adone del Marino in 24o. Suite complète de 21 planches. Rares et très belles épreuves . . 21

COCHIN, CHARLES NICOLAS.

142. La construction de la tour de Bable; il y a des innombrables petites figures d'hommes et d'animaux; gr. e. Fol. en l. Pièce rare et remarquable. Collée. . . 1
143. Le bosquet de Bacchus d'après Watteau; gr. Fol. en l. C. N. Cochin sculpt. — Soeur Marthe Biget; d'après Biget, neveu de Soeur Marthe, gravé par Coqueret en man. noire. 2

COLLIBERT.

144. Vue des anciens bains de Cicéron près Poussol — Vue des environs de Terni près Spolette; Fol. en l. . . . 2

CORNEILLE, MICHEL.

145. Joseph prit la mère et l'enfant, et se retire en Egypte; peint et gravé par M. A. de Corneille à l'eauforte. gr. Fol. en h. Belle. 1
146. Fuite en Egypte d'après Ann. Carrache; Fol. en h. Très belle épreuve. Rare. 1
147. St. Pierre à St. André quittant leur profession pour suivre J. Christ; inv. et gravée par Michel Corneille; gr. p. Fol. en l. Très belle épreuve avant toute lettre et avant les armes. Très rare. . . . 1

CORT, CORNEILLE.

148. Les arts libéraux; d'après F. Floris; Fol. en l. Suite complète de sept estampes. . . 4
149. Baptême de Jésus Christ, d'après Fr. Salviati 1578. Fol. en h. — Jésus Christ mis au tombeau; d'après D. Julio Clovio en 1568. in Fol. 2
150. Conversion de St. Paul; d'après D. Julio Clovio 1576.; tr. gr. Fol. en l. Anc. et belle épreuve avec l'adresse de Vaccario qui ait été remplacée par celle de Rossi. 1
151. St. Jérôme au désert à genoux devant un crucifix dans un paysage; d'après le Mutien 1574.; gr. p. Fol. en h. 1

Nro.

152. **Deux grands paysages avec le Jérôme pénitent et la Madelaine; d'après le Mutien en 1573.; gr. e. Fol. en h. Roma Losi** 2

153. St. Bernard portant les instrumens de la passion de Jésus Christ; d'après sa composition en 1576. p. Fol. en h. — St. Roc, figure en pied; d'après J. Specart; en 1575. Fol. en h. 2

154. La pièce de tous les Saints ou la Ste. Trinité; d'après le Titien; gr. e. Fol. en h. 1

COULET, ANNE-PHILIBERTE.

155. Les pêcheurs Napolitains; d'après J. Vernet. gr. Fol. en h. Belle. 1

156. Les pêcheurs Florentins; d'après le même; gr. Fol. en h. Belle. 1

157. La belle après dîner; d'après le même; tr. gr. Fol. en l. 1

COUVAY, JEAN.

158. La Vierge avec l'enfant Jésus. Virgo adoranda etc. d'après J. Stella; Fol. en h. Premier état avec l'adresse de Vignon, remplacée plus tard par celle de Mariette. 1

CUNEGO, DOMENICO.

159. Dieu le père assis sur les nues, entouré d'anges. Te aeternum etc. d'après Dominiquin; Fol. en h. — Buste de la Ste. Madelaine; Unxit pedes Jesu etc. d'après le Guide; Fol. en h. 2

160. Le 52 Teste della celebre Scuola d'Atene, dipinta da Raffaele Sanzio disegnate in 40 Carte dal Cav. Raph. Mengs ed incise da Dom. Cunego; tr. gr. Fol. Euboeus p. 76. Nr. 11. Suite complète de 40 estampes. Anc. et belles épreuves rares. . . 40

DALEN, CORNEILLE VAN, LE JEUNE.

161. Un berger couronnant sa bergère, ils sont assis dans un paysage etc. d'après J. Casteleyn; Fol. en l. Belle épreuve. 1

DALINGER, ALEXANDRE.

162. Sujets d'animaux; d'après du Jardin, Laer et sa propre invention; trois estampes 3

Nro.

DANIELL, JAMES.

163. Filial Piety; Cimon nourri par sa fille en prison; beau groupe d'après la copie de Sam. de Coster sur l'original de Herryns of Mechlin? gravée en man. noire; tr. gr. r. Fol. en h. Pièce capitale et très belle épreuve 1

DANIELL, WILLIAM.

164. An eleveted View of the New Dock in Wapping near the Tower by the patriotic exertions of the London Dock Company for the improvement of the Port of London. Gr. imp. Fol. en l. gravée au lavis et imprimée en couleurs 1

DAUDET, ROBERT.

165. Ruines de Campo Vaccino; d'après B. Breenberg; gr. Fol. en l. 1

166. Le Panthéon de Rome; d'après Panini; gr. Fol. en l. gravé à l'eauforte par Garreau, terminé par R. Daudet 1

DENY, JEAN E.

167. Le Retour du Marché; d'après Dalens; tr. gr. Fol. en l. 1

DEQUEVAUVILLIERS, FRANCOIS.

168. Guinguette; d'après Le Prince; gr. Fol. en l. . 1

169. Port de mer; d'après Vernet; gr. Fol. en l. . 1

170. Le Phare; d'après le même; gr. Fol. en l. . . 1

171. La Tempête; d'après le même; gr. Fol. en l. . 1

172. Le Naufrage; d'après le même; gr. Fol. en l. . 1

DEYSTER, LOUIS DE.

173. La Madelaine (5) Belle épreuve . . 1

174. Deux Amours (6). Idem. 1

DIAMANTINI, JOSEPH.

175. Bacchus, Cérès et Vénus (27) Rare. . . 1

DIETERICH, CHRISTIAN-WILHELM-ERNST.

176. Portrait de C. W. E. Dietrich; au bas: C. W. Dietrich Fec. 1731. en haut de la gauche: radirt von C. W. E. Dietrich. 1731. in Meissen, et à droite: geätzt von C. F. Boetius 1769 in Dresden; pet. Fol. en h. Très belle . . 1

Nro.

177. Jésus Christ guérissant les malades; pièce large de 10 p. 6. l. sur 7 p. 6 l. de hauteur marquée en haut à la droite: C. W. E. Dietricy 1732. Composition de vingt six fig. Heinecken IV. pag. 680. N. 20. Premier état avant que la partie de la planche à droite fut coupée. Très rare. 1

178. Résurrection de Lazare, le sauveur lève la main gauche vers le ciel, dans le goût de Rembrandt; pet. Fol. en h. P. 680. N. 21. Second état avec le nom de Dietrich et le N. 7. Rare 1

179. Tête d'un Moine Franciscain, vu en profil; pièce marquée E. W. Dietrich 1731. Pag. 694. E. N. 1. Anc. et très belle Epreuve 1

180. Jeune fille demi-figure vue en profil qui semble tenir de sa main droite le bout de son tablier; sans nom; Pag. 695. G. 2. Anc. et très belle Epreuve. Très rare 1

181. Deux paysages avec des rochers et chûte d'eau; d'après Dietrich, par Bucherna; au lavis. Fol. en l. . 2

DUCHANGE, GASPARD.

182. Le repas chez le Pharisien; d'après Jouvenet; gr. imp. Fol. en l. 1

DUFFOS, CLAUDE AUGUSTE.

183. L'Enlèvement d'Europe; d'après F. Boucher; tr. gr. Fol. en l. 1

DUNKARTON, ROBERT.

184. Sextus, fils de Pompejus, invoque l'Erichto pour savoir la fin de la bataille de Pharsale; d'après J. H. Mortimer tr. gr. r. Fol. en h. Pièce capitale. Avant la lettre 1

DUPIN, P.

185. Vénus et Paris sur le mont Ida; d'après Diétricy; tr. gr. Fol. en l. Très belle épreuve . . 1

186. La danse champêtre; d'après Watteau; gr. Fol. en l. gravée par Dupin. — L'accord parfait; d'après le même; Fol. en h. gravée par B. Audran . 2

Nro.

DUPRÉE.

187. Leopoldskrone bey Salzburg; d'après Nesselthaler; gr. Fol. en l. — Vue de Ditchley dans le Comté d'Oxford, la maison et le jardin du Comte de Litchfield; tr. gr. Fol. en h. (par Sullivan). 2

DUPRÉEL.

188. Les foins; d'après Ph. Wouvermans; gr. Fol. en l. 1
189. Choc de Cavalerie; d'après le même; gr. Fol. en l. (gravé par Duplessi-Bertaux et Dupréel). . 1

DÜRER, ALBERT.

190. Adam et Eve debout auprès de l'arbre de vie (1) Original colorié par un ancien maître allemand. Belle 1
191. Ste. Geneviève. (63) Rare. Très belle épreuve 1
192. Le ravissement d'une jeune femme 1516. Gravée à l'eauforte sur une planche de fer (72.) . . . 1
193. La Mélancolie (74) Très Rare. Epreuve mediocre 1
194. L'Oriental et sa femme (85). Belle épreuve . 1
195. Le Seigneur et la Dame se promenant ensemble (94) Rare. Très belle épreuve . . . 1
196. Le grand cheval 1505 (97). Rare. Assez belle. 1
197. Le canon 1515 (99) Pièce gravée à l'eauforte sur une planche de fer. Bonne épreuve. . . . 7
198. Frédéric, électeur de Saxe 1524 (104) Rare. Assez belle épreuve 1
199. Bilibald Pirkheimer (106). Très rare. Très belle épreuve 1
200. Erasme de Rotterdam. (107) Pièce rare et recherché. Epreuve pas trop forte mais bonne 1
201. L'Apocalypse de St. Jean, grav. en bois. Suite de seize pièce y compris le titre. (60—75). Le texte au verso de N. 63. 64. 65. 67. 69. 70. 72. 73. 74. est imprimé en allemand; le N. 75, est en blanc au verso, ce qui se trouve très rarement 16

DURET, PIERRE.

202. La pleine lune; d'après van der Neer; gr. Fol. en h. 1

Nro.

203. Suite de six Jeux d'enfans; inventée par Louis Desrais; in 4. en l. 6

DYCK, ANTOINE VAN.

204. Joannes Brengel, Antverpiae Pictor Florum et ruralium prospectuum. Ant. van Dyck fecit aqua forti. Fol. en h. Premier état avec un morceau du fond à la droite du haut. Très rare. . 1

205. Antonius Cornelissen, Pictoriae Artis Amator. Ant. van Dyck pinx. L. Vorsterman sculp. C. P. . 1

206. Franciscus Franck Junior, Pictor human. figur. minorum Antv. Anton van Dyck pinxit. Gullielmus Hondius sculpsit. C.P. . . . 1

207. Paulus Pontius Calcographus Antv. Ant. van Dyck pinxit. Paul Pontius sculp. C. P. . . 1

208. Joannes Snellinx, Pictor human. figur. Antv. Ant. van Dyck pinxit. Pet. de Jode sculp. C. P. . 1

209. Petrus Stevens, S. P. Q. Antv. ab Alaemosgins Amator Pictoriae Artis. Ant. van Dyck pinxit L. Vorsterman sculp. C. P. 1

210. Artus Wolfart, Pictor human. figur. Ant. van Dyck pinxit. Corn. Calle sculpsit. C. P. . 1

211. Dna Maria Margaretha de Barlemont, Comitessa Hegmondana; Ant. van Dyck pinx. Jacobus Neffs sculpsit 1

EARLOM, RICHARD,

212. Jacob burning Labans Images; d'après Seb. Bourdon; tr. gr. Fol. en l. gravé à l'eauforte et imprimé au lavis 1

213. A Fruit Piece, d'après M. Ang. Campidoglio; Fol. en l. En manière noire 1

214. John Stuart, Duc de Richemond, debout, il met la main droite sur la tête d'un grand chien; d'après Van Dyck en 1775. tr. gr. Fol. en h. Avant la lettre et très belle épreuve d'une parfaite conservation 1

215. Les Conteurs d'histoires; d'après Hemskirk en 1768; Fol. en l. Avant la lettre. Rare. Très belle. . 1

216. Les Chanteurs de foires; d'après le même en 1768. Fol. en l. Avant la lettre. Rare. Très belle. . 1

Nro.

217. The Misers; (Les deux avares) d'après Cl. Matsis en 1770. Fol. en h. 1

218. Bull Dogs and Badger; d'après Nelson en 1806; r. Fol. en l. Lettre ouverte. Très belle Epreuve . 1

219. Alope; d'après G. Romney; Fol. en h. . . 1

220. A fruit Market; une grande table avec des fruits de toutes sortes, une femme achète des pommes; Snyders et Long John (Lange-Pier) pinx. Rich. Earlom. sc. 1775. gr. r. Fol. en l. Cette pièce et les trois suivantes sont connues sous le nom: Les marchés et des véritables chef-d'oeuvre des peintres et du graveur. Très belle épreuve. 1

221. A Herb Market; place près d'une muraille, où il y a des masses et des groupes de toutes sortes d'herbes et de légumes, une cuisinière achète des asperges; id. piux. id. sc. tr. gr. Fol. en h. Idem. 1

222. A Fishmarket; grande table avec des poissons de mer et d'eau douce, des écrevisses tortues etc. à droite un poissard tranchant un poisson; id. pinx. id. sc. gr. Fol. en l. Idem 1

223. A game Market, grande table avec toute sorte de volaille et de gibier, à gauche un jeune homme qui tient un paon id. pinx. id. sc. 1783. Idem, . . . 1

224. Enée emportant son père après le sac de la ville de Troye; d'après le Tintoret; Fol. en h. grav. à l'eauforte et imprim. au lavis. . . . 1

225. The Right Reverend Thomas Newton, Lord Bishof of Bristol, vu jusqu' aux genoux etc. d'après B. West. gr. Fol. en h. En manière noire. Très belle épreuve 1

226. Angelica and Medor; d'après le même, en 1768. tr. gr. Fol. en h. Très belle épreuve . . 1

EDELINCK, GÉRARD.

227. Louis XIV. Roy de France; pet. Fol. Edelinck Eques sculpsit, chez Odieuve. — Scevole de Sainte Marthe, Président et Trésorier de France à Poitiers; Edelinck sculp. ovale. Fol. en h. Du premier tems du graveur. Rare 2

Nro.

228. Carolus Gobinet Doctor Theolog. Socius Sorbon. Colleg. Plessai Moderator Primus, d'après Largilliere en 1691; ovale gr. Fol. 1

229. Jean Balthasar Keller, Comissaire général des fontes de l'Artillerie de France; d'après H. Rigaud; tr. gr. Fol. en h. 1

230. Petrus de Carcavy, Regi a Consil. Regia Biblioth. Praefecfectus; d'après Tetelin en 1765. ovale gr. Fol. . 1

231. Ludovicus Augustus D. G. Dombarum Princeps; d'après F. de Troy; Fol. en h. 1

232. Le Comedien Crispin; figure entière dans un paysage; d'après T. Netscher; gr. Fol. en h. Très belle épreuve 1

EISMAN ou EISSENMANN (CARLO BRISIGHELLA)

233. Six paysages montagneux; sans noms; pet. Fol. en l. gravés à l'eau forte d'une pointe très fine et spirituelle. Suite complète. Rare. . . 6

EKEMAN-ALESSON, L.

234. Grand paysage montagneux; dessiné d'après nature et lithogr. par L. Ekeman-Alesson; tr. gr. Fol. en l. — L'arracheur de dents, compos. de cinq personnes; d'après Adr. van Ostade; Fol. en l. Lithographie. . . 2

ELLIOT, WILLIAM.

235. Suite de six paysages; d'après George Smith of Chichester et Brinkmann en 1761. Foi. en l. N. 1—6. Le dernier N. est gravé par Peter Mazell. 1

ENGELBRECHT, MARTIN.

236. Les quatre saisons: Ver, Aestas, Vertumnus et Hiems; représentées par des paysages avec des Scènes champêtres; au bas de chaque 4 vers en latin, en allemand et en français; gr. Fol. en l. 4

ESBRAND.

237. Le Prince Eugène à cheval, gr. Fol. en l. à Paris. Au lavis 1

EVERDINGEN, ALDERT VAN.

238. Les restes de la haie (27) — La maison à la tourelle pointre (29) Bonnes épreuves. . . . 2

Nro.

239. Le charpentier de village (49) — Les deux hommes de condition (54). Idem. 2
240. L'inscription (55) — Les tonneaux et les planches au bord de l'eau (65) Avant la retouche. . . 2
241. Le chariot (73) Pièce detache. . . 1
242. La branche d'arbre (79). — Le paysan suivi de son chien (80). Deux pièces détachées. . . 2
243. Les deux chariots (85.) 1
244. Le berger (87). 1
245. Le moulin à l'eau (99.) 1
246. Le ruisseau traversant le bois (101) Second état la planche diminuée. 1

ENZESBERGER, JEAN BAPTISTE.

247. Le Passe-tems rustique; d'après Blois; gr. Fol. en l. grav. en manière noire 1

FACIUS, G. S. ET J. G.

248. The Birth of Vénus; d'après J. Barry; ovale Fol. en h. 1
249. M. West and Family; d'après B. West; gr. r. Fol. en l. 1

FAGE, RAIMOND LA.

250. Bacchanales et autres sujets; grav. par de la Haye. Dix estampes. 10

FARINATI, HORACE.

251. La Sainte Famille; d'après Paul Farinati (3). Premier état avant qu'on a donné à la planche la forme d'un octogone. . . . 1
252. Les anges portant la croix; d'après le même (5). . 1

FAUCCI, CHARLES.

253. A Bacchanalian; d'après J. B. Cipriani; gr. Fol. en h. 1
254. L'Amour dormant les yeux bandés; d'après le Guide; Fol. en l. 1

FERDINAND, LOUIS.

255. Divers objets d'Amour; d'après Testelin; Fol. en h. Suite complète des six estampes. . . . 6

FITTLER, JAMES.

256. Shakspeare. Winter's Tale. Act IV. Scene 3; d'après Fr. Wheatly; r. Fol. en l. 1

Nro.

FLIPART, JEAN-JACQUES.

257. La Sainte Famille; d'après Jules Romain; tr. gr. Fol. en h. 1

258. Grand chasse à l'ours; d'après C. Vanloo; tr. gr. Fol. en h. 1

259. La Vertueuse Athenienne. — La jeune Corinthienne; d'après J. Vien; gr. Fol. en h. 2

FOLKEMA, JACQUES.

260. Le Martyre de St. Pierre et Paul, en haut la St. Vierge dans une gloire d'anges; d'après Nic. del Abbate; gr. r. Fol. en h. 1

FOLO, GIOVANNI.

261. St. Sebastien; d'après G. F. Barbieri; tr. gr. Fol. en l. Très belle épreuve 1

262. Mater dolorosa; d'après Sasso-ferrato; tr. gr. r. Fol. en h. 1

FORSTER, FRANÇOIS.

263. Alexander von Humboldt; d'après Steuber. Fol. en h. 1

FOULQUIER, J. F.

264. L'évocation des Morts; d'après Loutherbourg; Fol. en l. grav. à l'eauforte. 1

FRANCO, JEAN BAPTISTE.

265. L'ange Gabriel annonçant à la Vierge le mistère de l'incarnation. (7.) 1

266. Les pasteurs adorant l'enfant Jésus dans la crêche (8) Franco Forma. Collée. 1

267. Jésus Christ portant sa croix. (11) Franco forma 1

268. St. Pierre et St. Jean guérissant un boiteux à la porte du temple; d'après Raphaël (15.) In Venetia St. Fosca. Collée 1

269. La St. Vierge assise par terre ayant sur ses genoux l'enfant Jésus, St. Jean est assis vis-à-vis (29). . . 1

FREY, JEAN-JACQUES.

270. St. Grégoire à genoux entre deux anges: Magnum Gregorium etc. d'après Ann. Carrache; gr. Fol. en h. 1

Nro.

271. La nativité ou l'adoration des bergers; très riche composition; d'après Seb. Conca; gr. Fol. en l. . 1

FREY, J. P. DE.

272. Un vieillard méditant; d'après Rembrandt; Fol. en h. 1

FRISIUS, SIMON.

273. Grand paysage avec Orphée qui joue de la lyre, et avec une infinité d'animaux; d'après J. Goeïmare; tr. gr. r. Fol. en l. Pièce capitale et belle épreuve avec la seconde-adresse. Très rare . . 1

FRIESELHEM, P.

274. Maximilien de Bethune, Duc de Sully, Ministre de Henry IV; d'après F. Porbus; ovale Fol. en h. En couleurs 1

GAILLARD, ROBERT.

275. Les amans surpris. — La fécondité; d'après Fr. Boucher; tr. gr. Fol. en h. 2

276. Le messager discret; d'après le même; tr. gr. Fol. en h. 1

277. L'enlèvement des Sabines; d'après Luc Jordans; gr. Fol. en l. 1

278. Vénus et Adonis; d'après Jeaurat; tr. gr. Fol. en h. 1

279. La collation; d'après J. M. Nattier; Fol. en h. . 1

280. Le Cabaret; d'après le Prince; gr. Fol. en l. . 1

GALLE, CORNEILLE.

281. La vie voluptueuse des premiers hommes avant le déluge: Sic erat in diebus Noë; d'après Th. Bernard; Fol. en l. 1

282. Sacrifice d'Abraham: Fidelissimum Abrahae Sacrificium; d'après Rubens; gr. Fol. en h. Hacquet Nr. 11. 1

283. Ecce Homo; trois figures à mi-corps; Egredimini et videte etc. d'après le même; gr. Fol. en h. Nr. 66. Belle épreuve. 1

284. Jésus Christ à l'entrée du tombeau, Madelaine baise ses mains: Vocate me etc. d'après le même; N. 95. Premier état: Cornelius Galle sculpsit et excudit. Très belle épreuve. . . . 1

285. L'enfant Jésus et St. Jean jouant avec un agneau dans un paysage: Est puer hic etc. d'après le même; Fol. en h. 1

Nro.

GALLE, PHILIPP.

286. Les quatre saisons, belles compos. en ovales avec des figures allégoriques; d'après J. Stradanus; Fol. en l. Suite complete. 4

287. Combat des gladiateurs aux funerailles d'un Empereur; d'après L. Penni; gr. Fol. en l. — Sujet allégorique sur la paix; gr. Fol. en l. — La mort d'Abel; d'après F. Floris; gr. Fol. en l. 3

288. Litis abusus; d'après Hemskerck; cinq est. — Divers sujets; quatre est. En tout neuf estampes. gr. par Theodore Galle. 9

GAMELIN.

289. Basrelif; d'après un dessin du Polidore; gr. Fol. en l. 1

GANDOLFI, GAETANO-GARNIER, AUGUSTIN.

290. L'adoration des bergers, belle compos. dans la maison Leoni à Bologna; d'après Nic. del Abbate; gr. Fol. en h. gravée par Gandolfi. — Repos pendant la fuite en Egypte; d'après J. Blanchard; Fol. en l. gravée par A. Garnier. 2

GANDOLFI, MARCO.

291. Portrait d'un jeune homme, vu à mi-corps, les bras appuyés sur un socle; d'après Raphaël; Fol. en h. . 1

292. Portrait d'un vieillard à barbe courte en bonnet et en robe de Fourrure d'après D. Teniers; Fól. en h. . 1

GARDETTE, P. C. DE LA,

293. Bibliothèque de St. Geneviève; dessiné et gravé par P. C. de la Gardette en 1773. gr. Fol. en l. . 1

GARREAU, L.

294. Le charlatan sur des traiteaux adossés à une maison villageoise, au fond à gauche des montagnes couvertes de ruines. Composition de quatorze figures; d'après K. Dujardin; gr. Fol. en l. 1

295. L'arc-en-ciel, paysage avec des bergers et des moutons etc. d'après Rubens, gr. Fol. en l. . . . 1

GATTI, OLIVIER.

296. La St. Vierge embrassant l'enfant Jésus, qu'elle tient entre ses bras; d'après L. Garbieri. (26). . . 1

Nro.

GAUCI, PAUL.

297. Field Sports; Duck Shooting —Woodcock Shooting — Pheasant Shooting — Snipe Shooting; drawn on stone by Paul Gauci; sur une planche. 1

GEBAUER, C. D.

298. Chiens de Chasse; dessinés d'après la nature; 4o. en l. quatre estampes. 4

GEIGER, ANDRE.

299. Nelson debout vu jusqu'au genoux; d'après F. Abbott; Fol. en h. en man. noire. Avant toute lettre. 1

300. La mort de Caton; d'après M. A. de Caravage; tr. gr. r. Fol. en l. 1

301. Hélène et Paris; d'après le David; tr. gr. r. Fol. en l. gravée en manière noire et coloriée avec le plus grand soin et délicatesse. . 1

302. Narcisse; d'après M. A. Franceschini; gr. Fol. en i. 1

GELÉE, CLAUDE, DIT LE LORRAIN.

303. La fuite en Egypte; pet. Fol. en l. (Rigal N. 1.) P. Gr. Fr. I. N. 1. Quatrième état, l'inscription dans la marge est effacée. Belle épreuve. . 1

304. L'Apparition; pet. Fol. en l. (Rigal Nr. 26.) N. 2. Quatrième état, l'inscription dans la marge est effacée. Belle 1

305. Le Passage du gué; pet. Fol. en l. (Rigal N. 22.) N. 3. Premier état, les angles sont aigus et l'inscription est non ébarbée. Très rare. Très belle épreuve. 1

306. Le Troupeau à l'abreuvoir; pet. Fol. en l. (inconnue au Cat. Rigal) N. 4. La marge avec les essais des points est coupée. Très belle épreuve. . 1

307. Le dessinateur; pet. Fol. en h. (Rigal N. 10.) N. 9. Second état avec le N. 5. Idem. . . . 1

308. Le Départ pour les champs; pet. Fol. en l. (Rigal N. 17.) N. 16. Second état avec le N. 12. tous les angles sont aigus comme dans le premier état. Rare. Idem. 1

Nro.

309. La Danse villageoise; pet. Fol. en l. (Rigal N. 19) Nr. 24. Second état, avec la tache au milieu du fond. Rare. Idem. 1

310. Le pâtre et la bergère; pet. Fol. en h. (Rigal N. 25.) N. 25. Premier état, les angles du trait carré bordant la composition ne se joignant pas au haut de la gauche, ni dans les deux coins du bas. Rare. Très belle. . . . 1

311. Les quatre Chèvres; Fol. en h. (Rigal N. 23). N. 27. Second état, les marges nettoyées. . . 1

312. Etude d'une scène des Brigands. Griffonnement Nr. 39. 1

313. Les deux Paysages. Griffon. N. 40. . . 1

314. La Femme assise. Griffon. N. 41. . . 1

GENOELS, ABRAHAM.

315. Le promontoire. (16). Toujours faible d'épreuve. — Les mausolées (17.) — L'homme couché au milieu du devant. (22). — La femme debout près de l'homme assis (24). 4

316. La bateau tiré à mont. (60) — Le pays rempli de rochers (61). — Le pont à trois arches. (62) — La rivière au bas de la chaîne de montagnes. (63) — La chûte d'eau. (64) — Les trois figures sur le pont. (65). V. Meulen exc. Suite complète de six estampes. . . 6

GÉRARD, HENRI.

317. Un jeune homme lit la traduction de l'art d'aimer devant une jeune fille etc.; d'après Mlle. Gerard; gravée pour la Société des Amis des Arts; tr. gr. Fol. en h. Belle. 1

GHEYN, LACQUES DE.

318. Repos pendant la fuite en Egypte; Fol. en h. . 1

319. Une femme en colère contre son mari; au bas quatre vers latins; Fol. en l. 1

320. La Madelaine pénitente, elle est vue à mi-corps et lisant; est. en h. J. de Gheyn inven. et excud. — St. Pierre pénitent; vu à mi-corps; d'après Ch. van Mander; est. en h. 2

Nro.

GESSNER, SALAMON.

321. Quatre Frontispices et trente et une Vignettes pour „Sal. Gessner's Schriften" Edit. de 1770. Epreuves avant la retouche. . . . 35

GHISI, GEORGE.

322. Des pêcheurs dans trois barques retirant leurs filets où il se trouve des poissons monstrueux; d'après Jules Romain (par Adam Ghisi N. 106.) — Vénus assise dans la forge de Vulcain occupé à forger les traits de l'Amour; d'après Perin del Vaga (54). . . 2

323. Cajus Marius assis dans les prisons de Minturne, en impose aux soldats envoyés pour le tuer; d'après Polydore Caldara; (26). 1

324. Vénus assise sur un lit près de Vulcain, et parlant à un Amour qui est debout à gauche; d'après Perin del Vaga (35). 1

GILLOT, CLAUDE.

325. Deux feuilles: Les Sorciers et Sorcières au Sabbat, riches compositions; Fol. en l. pièces très estimées. 2

GIORDANO, LUCAS.

326. Le sacrifice d'Elie (1) Francesco Palmiero formis. Anc. épreuve. 1

327. St. Anne. (6) Pa. Petrini excu. Neapoli. . 1

GLAUBER, JEAN.

328. Actéon dont la tête est déjà changée en celle d'un cerf, au milieu du fond de l'estampe on aperçoit Diane au bain; d'après Dughet. (25) . . . 1

329. Minerve et l'envie. — La demande de Phaëton à son père. — La sécurité — La concorde — La liberté du commerce — L'Amérique — Allégorie sur les arts — Zéphir présentant une couronne à Minerve; huit estampes d'après Lairesse; pas décrites au P. Graveur. . . . 8

GODEFROY, J.

330. Le Christ mort sur les genoux de la Vierge; d'après Ann. Carrache; gr. Fol. en h. Très belle épreuve. 1

*

Nro.

GOETHE, JEAN WOLFGANG DE (Le celebre Poëte.)

331. Paysage montagneux avec des cascades etc. in 4. en h. peint par A. Thiele, gravé par Goethe, dedié à Monsieur le Docteur Hermann, Assesseur etc. par son Ami Goethe. Très rare. Très belle épreuve. 1

GOETZ, JOSEPH - FRANÇOIS.

332. Exercices d'imagination de différens Caractères et formes humaines; inventés, peints et dessinés par J. F. de Goetz, gravés par R. Brichet (8 pièces par Goetz même) pet. F. en h. Morceaux très intéressantes. Suite complète de 92 planches. . . 92

GOLTZIUS, HENRI.

333. Mars et Vénus surpris en adultère. (139) C. Vischer excudit. 1

334. Henri IV, roi de France et de Navarre, armé d'une hausse-cou et ayant la tête couverte d'un chapeau, en buste. Planche ovale (174) Pièce très rare et une de plus fine de Goltzius. 1

335. Eutyque ressuscité par S. Paul; d'après J. Stradan. (279) 1

336. St. Paul piqué par une vipère dans l'isle de Malthe; d'après le même; (280.) 2

337. Les métamorphoses d'Ovide en cinquante deux estampes inventées par Henri Goltzius en 1589 et 1590 et gravées sous sa direction par ses éléves. (31—82) Suite complète. Belles épreuves d'une égale impression et bonne conservation . . 52

GOULU, F. SEBASTIEN.

338. La sainte Famille; d'après Jules Romain; gr. Fol. en h. Belle. 1

GRAVAGNI, A.

339. La Madonna della Salute. Scuola di Raffaelo. A. Gravagni dis. ed in. Dans un rond. Épreuve sur papier de Chine. 1

GREEN, VALENTIN.

340. Elisha restores to life the Shunamite's Son; d'après B. West; tr. gr. r. Fol. en l. 1

Nro.

341. Erasistratus, the Physician, discovers the Love of Antiochus for Stratonice; d'après le même; gr. r. Fol. en l. Pièce capitale aux lettres tracées. . 1

342. The golden age. Jeune mère assise près de son enfant dormant; d'après le même; tr. gr. Fol. en l. Belle épreuve. 1

GRIMALDI, JEAN-FRANÇOIS.

343. Repos en Egypte. (15) Très belle épreuve signée par Mariette. Rare. . . . 1

GUERIN, CHARLES.

344. L'ange conduisant le jeune Tobie; d'après Raphaël; tr. gr. Fol. en h. 1

345. La danse de Muses; d'après Jules Romain; gr. Fol. en l. 1

GÜNTHER, C. A.

346. Ansicht von Dresden auf der Berliner Strasse bey dem Gasthofe zum Wildenmann; gravée au trait et coloriée en aquarelle; tr. gr. r. Fol. en l. Pièce d'un fini soigné. 1

GUTTENBERG, CHARLES.

347. John Paul Jones, Commodore au service des Etats-unis de l'Amérique dans le combat de 23 Sept. 1779; d'après C. J. Notte; Fol. en h. 1

348. L'extase de St. François; d'après Ch. Lauri; gr. Fol. en h. 1

349. Tobie et Azarias; d'après Salv. Rosa; gr. Fol. en h. 1

GRÜNER, V. R.

350. Le grand dernier jugement d'après Chr. Schwartz; en 1822; ovale gr. Fol. . . . . . .

HACKERT, JEAN-PHILIPPE.

351. Rocca Giovine, — Vue du Village de Licenza; gravées d'après J. Ph. Hackert par B. A. Dunker et terminées par G. Eichler et Lorieux; gr. Fol. en l. 2

HAFNER, JOSEPH.

352. Orest persécuté par les Furies; d'après Jean Ender; tr. gr. r. Fol. en l. Manière noire. Epreuve avant la lettre. 1

Nro.

HAID, JEAN-JACQES.

353. Jean Charles Hedlinger, célèbre graveur de madailles, sur un piédestal, à côté duquel un génie et un hibou; d'après Arenius; Fol. en h. Manière noire. Très rare. 1

354. Vénus peignant l'Amour. — Vénus qui bande les yeux à l'Amour; d'après Ann. Carrache; Fol. en h. . 2

HALL JOHN et SMITH SAMUEL.

355. La mort de Capitain Cook; d'après G. de Carter; gr. r. Fol. en l. L'inscription est coupée. . 1

HALDENWANG, CHARLES.

356. Maria Stein im Canton Solothurn; d'après P. Birman; tr. gr. r. Fol. en l. Au lavis. . . . 1

357. Das Thal Oberhasli mit dem Dorfe Meiningen im Canton Bern; d'après P. Birman; tr. gr. r. Fol. en l. Au lavis. Avant la lettre. 1

HEINZMANN, CHARLES.

358. Malerische Ansichten in Bayern nach der Natur aufgenommen und auf Stein gezeichnet von Karl Heinzmann. 6 Blätter. Eine Partie in Tegernsee. — Schliersee. — Schleedorf am Kochelsee. — Ansicht von Wendelstein unweit bayrisch Zell. — Ansicht von Walchersee unweit Urfelden. — Ansicht vom Kochelsee; gr. Fol. en h. . . 6

HEMERY, ANTOINE-FRANÇOIS.

359. Portraits de Gaspard Netscher et de la Femme de Gaspard Netscher; d'après G. Netscher; Fol. en h. . 2

360. Création d'Eve; d'après C. Procaccini; tr. gr. Fol. en h. 1

HENRIQUEZ, BLAISE-LOUIS.

361. La St. Famille; d'après Procaccini; gr. Fol. en h. 2

HENSEL, W.

362. Christus vor Pilatus. W. Hensel pinxit (L'original dans l'église de la garnison à Berlin) faite par Diographe et Pantographe. . . . 1

HESS, CHARLES-ERNST.

363. Adoration des Rois, riche composition; d'après Jean et Hubert van Eyck, en 1823; tr. gr. r. Fol. en l.

Nro.

Avant la lettre et les noms des artistes. Très belle épreuve. 1

HESS, HEINRICH.

364. La Vierge avec l'enfant et deux anges adorants dans un paysage; dessinée sur pierre par Henri Hess en 1818. tr. gr. Fol. en h. 1

365. La St. Vierge assise avec l'enfant Jésus bénissant, à côté gauche deux anges qui chantent, à droite St. Cécile jouant l'orgue: Omnis Spiritus laudet Dominum; H. Hess pinxit; G. Bodmer del. Lithographie; épreuve sur papier de Chine. . . . 1

HODGES, C. H.

366. Léonidas, Roi de Sparte regarde Cliombratus avec les Siens; belle composition; d'après B. West; gr. r. Fol. en l. en manière noire. Lettre grise. . . 1

HOGARTH, WILLIAM.

367. A Harlot's Progress. La vie d'une courtisanne; W. Hogarth invt. pinxt. et sculpt. en 1733 et 1734. gr. Fol. en l. Suite complète de six estampes, épreuves avec la croix. 6

368. La foire de Southwark (Southwark fair) Invented, Painted et Engraved by Will. Hogarth en 1733. tr. gr. Fol. en l. Pièce et épreuve très belle. 1

369. The Battle of the Pictures. Bataille des peintures. Sans nom d'artiste. Fol. en l. 1

370. Hymen et Cupidon dans un paysage; sans nom; ovale gr. 4to. 1

371. View near Chiswick, village près de Londres où Hogarth est enterré; gr.-8. en l. Rare. . . . 1

HOLBEIN, HANS.

372. Ogier Bontemps, très gros, assis dans un fauteuil, un grand gobelet dans la main droite etc. Au bas à gauche 4 vers latins et à droite: Me sic olim ad vivum depinxit Joannes Kolbein Pondus inutile terrae. E. Ho. cum prae. Cas ao. 1593. Fol. en h. Belle e rare. 1

Nro.

HOHENBERG, JEAN-FERDINAND DE.

373. Sujet d'Architecture; gravée à l'eau-forte d'une pointe très spirituelle. 1

HOLLAR, WENCESLAS.

374. Le grand Ecce Homo, ou le Christ présenté au peuple; riche composition; d'après le Titien; en 1650. gr. r. Fol. en l. Pièce capitale et très rare. Cat. de Vertue Cl. I. N. 112. Belle épreuve. . . 1

375. Jésus Christ expirant à la croix entouré d'anges, qui reçoivent le sang de ses stigmates dans des calices: En bas Intuemini... mihi; d'après A. van Dyck; en 1652. tr. gr. Fol. en h. N. 113. Pièce capitale. Premier état avec une seule ligne d'inscription, les postérieures en portent deux lignes. Très rare et très belle épreuve. . . 1

376. Vue d'Anoers; d'après Seb. Vraux; pet. Fol. en l. Cl. III. Nr. 173. 1

377. L'Entrée publique du Comte de la Tour et Tassis etc. à Hemissen. Deux grandes estampes en long. Arrivée à Hemissen et Entrée dans l'église. Cl. III. N. 258. 259. Très belles épreuves. Très rares. . . 2

378. Domina Maria Stuart, Comitessa Portlandiae, tournée vers la gauche, le collier des perles pas achevé; d'après Ant. van Dyck; en 1641. pet. Fol. en h. Cl. VIII. 51. . 1

379. Buste d'un homme à barbe et longue moustache en bonnet et orné de grandes chaînes; d'après Holbein; en haut H. Holbein incidit in lignum. W. Hollar fecit 1647. 8. N. 317. 1

380. Vue du cloître et de l'église de Grünthal, avec la dédicace au P. Paris; d'après P. van Avout; pet. Fol. en l. Cl. V. 51. Avec une petite tache. . . 1

381. Le lion couché; Alb. Dürer pinxit. W. Hollar fecit ex Coll. Arundel 1645. 8. en l. Cl. XI. N. 1. Rare et belle épreuve. 1

382. Gros sanglier dans un paysage; d'après L. Cranach; 8. en l. N. 2. Anc. épreuve. . . . 1

Nro.

383. Chien-Lion couché. A. Matham del. W. Hollar fecit 1649. 8. en l. N. 4. Très belle épreuve sur papier de Chine. 1

384. L'âne au licou; d'après J. Bassan; 8. en l. N. 5. Anc. épreuve. 1

385. Byrsa Londinensis vulgo the Royal Exchange — Castrum royale Londinense vulgo the Tower; pet. Fol. en l. Endommagées. 2

HOLSTEIN, CORNEILLE.

386. Les élémens, groupes d'enfans; in Fol. en h. eaufortes du peintre. Suite complète de quatre estampes. 4

HOUBRAKEN, JACQUES.

387. Willem Karel Hendrik Friso Prins von Oranje, Erfstad houder der vereenigde Nederlanden etc. d'après H. Pethoven. Fol. en h. 1

388. Joan Willem Friso, Prins von Oranje etc. d'après H. D. Quiter; Fol. en h. 1

389. Maria Louisa van Hessenkassel, Douairière van J. W. Friso; d'après B. Accama; Fol. en h. . . 1

390. Frederick Duke of Schonberg; d'après G. Kneller en 1739; Fol. en h. Impensis J. et P. Knapton Londini 1739. Très belle. 1

391. William of Wickham, Bishop of Winchester; Fol. en h. Knapton 1738. Idem. . . . 1

392. Mr. Lieve Geelvjnck Heer von Kastrikum, Burgemeester en Raad der Stad Amsterdam; d'après Quinkhart; ovale Fol. en h. 1

HUET, J. B.

393. Deux feuilles des boucs et chèvres; in Fol. en h. grav. à l'eauforte. 2

HUGTENBURGH, JEAN.

394. Etudes de cheveaux de bataille blessés. (35—44.) Suite complète de dix estampes. Très belles épreuves et rares. 10

HUOT, FRANÇOIS.

395. Deux têtes d'après Rubens; Fol. en h. . . 1

Nro.

HUQUIER, GABRIEL.

396. Le départ pour la chasse; paysage montagneux avec un château à droite; d'après Berghem; gr. r. Fol. en l. Rare. 1

397. Le passage du bac; pendant; d'après le même; gr. r. Fol. en l. Rare. 1

J. B. (N. 170. des Monogrammes.)

398. Pièce emblématique; l'espérance débout près de l'envie (30.) 1

JNGOUF, FRANÇOIS-ROBERT.

399. Le Retour du laboureur; d'après Benazech; tr. gr. r. Fol. en l. 1

ISSELBURG, PIERRE.

400. L'histoire de l'enfant prodigue; d'après G. Weyer; Fol. en l. Suite complète de quatre estampes. 4

JACKSON, JEAN-BAPTISTE.

401. Martyre d'un valet d'un payen, puisqu' il avait visité le tombeau de St. Marc; d'après le Tintoret; gr. Fol. en l. en deux planches, gravée en bois et imprimée en clair-obscur. Rare. 1

JACOB, LOUIS.

402. Adoration des bergers; d'après Paul Veronese; gr. Fol. en l. 1

JARDINIER, CLAUDE-DONAT.

403. Le Génie de la gloire et de l'honneur représenté par une figure qui tient des couronnes; d'après Ann. Carrache; tr. gr. Fol. en h. 1

JAZET, JEAN-PIERRE-MARIE.

404. Enfans surpris par un loup; d'après F. Grenier; gr. à l'aquatinta; tr. gr. r. Fol. en l. . . 1

405. Grénadier sur le champ de bataille; d'après H. Vernet; r. Fol. en l. 1

KARTARIUS, MARIUS.

406. La Sainte Vierge avec l'enfant Jésus assis entre deux Saints; d'après Ph. Bellin; tr. gr. r. Fol. en h. Philippus Bellinus Urbinens. inven. Marius Kartarius

Nro.

Excudebat Romae 1577. Le coin gauche au bas manque. 1

KESSLER, ALOIS.

407. Lencothée; d'après la statue antique; gr. Fol. en h. 1
408. Menander; d'après la statue antique; gr. Fol. en h. 1

KILIAN, BARTHOLOMÉ — KILIAN, LUCAS.

409. Georgius König, S. Theol. in Univ. Norimbergensi Professor etc. d'après Barth. Hopfer; Fol. en h. (par B. Kilian) — L'adoration des bergers; d'après Jac. Palma; Fol. en l. (par Lucas Kilian). — Samuel Bertermann; d'après J. Beyschlag; ovale Fol. en h. . . . 3

KININGER, VINCENT-GEORGE.

410. Julie, elle s'élève vers le ciel; d'après Sales; tr. gr. Fol. en h. en manière noire. . . . 1
411. Achille méditant la vengeance de Patroclus; d'après H. Füger; tr. gr. r. Fol. en h. En couleurs. . . 1
412. Alceste; grande composition de treize figures; d'après le même en 1836; tr. gr. imp. Fol. en h. Epreuve avant la lettre, le titre tracé à la pointe. . 1
413. Paysage avec cheval et ânon au pâturage; d'après Ch. du Jardin Fol. en h. lithographiée et imprimée en clair-obscur. 1
414. Une lionne avec ses petits; d'après Rubens; gr. Fol. en l. Lithographiée et imprimée en clair-obscur. 1

KÖPP, A. VON FELSENTHAL.

415. Vues du château de Lengbach et de la Cascade de Prolling en Autriche; dessinées d'après nature, gravées à l'eau-forte et coloriées par A. Köpp de Felsenthal. 2

KÜSEL, MATHIEU.

416. J. Christ à la croix, au fond la ville de Jérusalem. Matthaeus Kusel S. C. M. Sculpt. f. gr. Fol. en l. — Résurrection de N. S. Christus résurgens, etc. d'après Rubens; gr. Fol. en h. 2

Nro.

LAAN, ADRIEN VAN DER.

417. Trente huit vues de paysages, dessinés en Allemagne et en Italie par Jean Glauber et gravés à l'eau-forte par Ad. van Laan; gr. Fol. en l. avec le titre en hollandais et en latin (La suite complète consiste en 40 pièces. Bartsch P. G. V. p. 397.) 1

LAER, PIERRE DE.

418. Différens cheveaux. Suite complète de six estampes (9—14.) 6

LAIRESSE, GÉRARD.

419. L'histoire d'Argus et de Mercure. Diane découvrant la grossesse de Calliste. — Cybèle cherchant sa fille Proscerpine. Suite de six estamp. in 4. en l. — Marc Antoine et Cléopatre. — Vénus donnant les armes à Enée; gr. Fol. en h. En tout huit est. 8

LALLÉE, A. O.

420. Christophe Gottlieb, Acteur au Théâtre National J. R. comme Bullock dans la Pièce: Les Recruteurs; d'après F. Oellenhainz; Fol. en h. En man. noire. Très belle. 1

421. Apollos Rache an Marsyas; d'après Luc. Giordano; Fol. en l. 1

LANA, LOUIS.

422. La mort de Sénècque; d'après un tableau de Guerchin (5) Collée. 4

LANE, B. J.

423. The Hon. Mrs. Seymour Bathurst; after a Picture by Sir. T. Lawrence; drawn on stone by B. J. Lane; Fol. en h. Papier de Chine. 1

LARMESSIN, NICOLAS DE.

424. Psyché et l'Amour. — Hercule et Omphale — Achille et Déidamie; trois est. in Fol. en l. . . 3

425. Petrus Mayeux Abbas Claraevallus; d'après M. Loir; gr. Fol. en h. 1

LAUNE, ETIENNE DE, DIT STEPHANUS.

426. Sujets de la Fable; six petites estampes en l. deux vers latins au bas de chaque. 6

Nro.

LAUNAY, ROBERT DE.

427. La reconnaissance de Fonrose; sujet tiré de la Bergerie des Alpes; d'après Et. Aubery; Fol. en l. . . 1

428. Un fumeur; d'après D. Teniers; Fol. en h. . 1

429. Le manége; d'après Ph. Wouvermans; gr. Fol. en h. 1

LAURENT, PIERRE.

430. La vie champêtre; d'après Feti; ovale Fol. en h. . 1

431. Vue de Flandre; beau paysage maritime; d'après J. van Goyen; gr. Fol. en h. . . . 1

LAUWERS, NICOLAS.

432. Le Triomphe de la nouvelle loi ou de l'Eglise, en deux feuilles; au bas huit vers et une dédicace; d'après Rubens; tr. gr. r. Fol. en l. Nicolas Lauwers sculpsit et excudit Antv. c. p. 1

LEDERBUSCH, C. — LEDERER, H.

433. Présentation au temple; d'après Romanelli; gr. Fol. en h. — J. Christ que l'on porte au tombeau; d'après P. Jouvenet; Fol. en h. 2

LEEW, WILLEM DE.

434. Daniel dans la fosse aux lions; d'après Rubens; tr. gr. Fol. en l. Hequet N. 16. Belle gravure à l'eau-forte et au burin; très rare. Un peu tachetée. 1

LEGAT, FRANCIS.

435. The Continence of Scipio; d'après Nich. Poussin; tr. gr. Fel. en l. Belle estampe. 1

LEON, JEAN.

436. Ländliche Musik; d'après Mich. Angelo da Caravaggio; gr. Fol. en h. En manière noire. . 1

437. Die Bruthenne (la poule couveuse) d'après M. Hondekorter; gr. Fol. en l. 1

438. Le Vainqueur des Curiaces; d'après J. Platzer; tr. gr. r. Fol. en l. 1

439. La Mort de Sémiramis; d'après le même; tr. gr. r. Fol. en l. 1

Nro.

LEONARDIS, GIACOMO.

440. Bacchanale, riche composition d'après Guil. Carpioni. tr. gr. Fol. en l. 1

LÉPICIÉ, BERNARD.

441. Le Déjeûner; d'après F. Boucher — La Gouvernante — Le Bénédicite; d'après S. Chardin. — La Relevée; d'après E. Jeaurat; 4 est. en Fol. en h. . . . 4

LERPINIERE, DANIEL.

442. The young Herdman; d'après A. Cuyp; gr. Fol. en l. 1
443. The flight; paysage avec une fuite en Egypte; d'après Cl. le Lorraine 1

LEYDE, LUCAS DE.

444. Caïn tuant Abel 1524. (13) 1
445. Lameeh et Caïn 1524 (14) 1
446. David vainqueur de Goliath (26) . . . 1
447. David en prière 1520 (29) 1
448. Les deux vieillards apercevant Susanne dans le bain (33) Rare 1
449. Jésus Christ présenté au peuple (70) . . 1
450. Jésus Christ portant sa croix 1515 (72) . . 1
451. Des Soldats faisant boire Jésus Christ avant le crucifix (73) Les coins restaurés. 1
452. Jésus Christ et les Apôtres représentés debout (86 — 98) Treize feuilles, la suite complète consiste en 14 pièces, il manque à la présente St. Mathias Nr. 99. Rares. 13
453. St. Christophe (108) Belle épreuve. . . . 1
454. Ste. Catherine 1520 (125) Belle épreuve. . 1
455. La vieille avec la grappe de raisin (151) Belle épreuve. 1
456. La femme et la biche 1509 (153) . . . 1
457. Un écusson rempli par un mascaron 1527 (167) . 1

LIANO, THÉODORE-PHILIPPE.

458. St. Jean prêchant dans le désert devant une troupe de peuple assemblé; très riche et belle composition (1) Belle épreuve, collée et un peu endommagée. . . 1

Nro.

LIEBE, P. A.

459. L'Alchimiste — Le Magicien; d'après Lissandrino; pet. Fol. en h. 2

LIGNON, FRÉDÉRIC.

460. Mlle. Mars; d'après F. Gérard; gravée d'après le tableau original et dédié à Mlle. Mars par Frédéric Lignon; Fol. en h. Très belle épreuve. . . . 1

461. Timoclée devant Alexandre; d'après Dominiquin; gr. Fol. en l. 1

LOCHER, F. HENRI.

462. Malerische Reise der Donau vom Ursprunge bis zu ihrem Verschwinden nach der Natur gezeichnet. Herausgegeben von J. H. Locher in Zürch. 25 feuilles d'après les dessins de L. Bleuler, N. Neukomm etc. gravées au lavis par J. Sperli, F. Hegi, R. Bodmer etc. en Fol. en l. 25

LOLLI, LAURENT.

463. Diogène (16) Pièce rare. 1

464. Andromède; d'après J. A. Sinani (17) . . 1

465. L'Amour rompant son arc (23) . . . 1

466. Hercule au berceau (24) 1

LOMBART, PIERRE.

467. De la Fond, connu sous le titre de Gazetier de la Hollande, avec inscription: In effigiem Domini de la Fond, Galli, festivissimi apud Batavos Ephemeridum Historicarum Scriptoris Distichon; d'après Gascard; gr. Fol. en h. Pièce capitale et rare. Très belle épreuve. 1

468. Christianus Ludovicus D. G. Dux Megapolitanus Princeps Vandalorum; d'après de la mare Richart; gr. Fol. en l. 1

LONDONIO, FRANCESCO.

469. Etudes d'Animaux dessinés et gravés par Fr. Londonio. Suite complète de six Morceaux mise au jour par le prince Alberigo de Barbiano, après la mort de Londonio; in Fol. en l. Rigal Nr. 71—76. Rare 6

Nro.

LONSING, FRANÇOIS.

470. Meleager et Atalante; d'après Giul. Romano; gr. Fol. en l. 1

LORIEUX.

471. Prise de Courtray; d'après van der Meulen; gr. Fol. en l. Duplessi-Berteaux Aq. forti. Lorieux sculp. 1

LORRAINE, JEAN BAPTISTE DE.

472. Le Comte de Caylus. De Lorraine del. et sculp. ovale Fol. — M. l'Abbé Aubert; Aubert del. de Lorraine sculp. ronde Fol. 2

LUPTON, T.

473. The Widow or Adieu to the Weeds; d'après H. Richter, en 1833. gr. e. Fol. en h. Belle pièce. Très belle épreuve, les noms des artistes et le titre tracés à la pointe. 1

MAILE, G.

474. La Moustache; d'après H. Lescot; gr. Fol. en h. en manière noire. Belle. 1

MAINA, GIACINTO.

475. Redentore del Luino — Madonna del Perugino; tr. gr. e. Fol. en h. . . , . . . 2

MANTEGNA, AUDNÉ.

476. La Flagellation. (1) Extrêmement rare. Anc. et très belle épreuve d'une parfaite conservation 1

MARATTI, CHARLES.

477. Heliodore chassé du temple; d'après Raphaël (13) gr. e. Fol. en l. en deux planches non jointes . 1

MARC-ANTOINE, RAIMONDI.

478. Joseph et la Femme de Putiphar, d'après Raphaël (9) Belle épreuve. 1

479. Le Bacchanale (248) Cette estampe est extrêmement rare. Anc. et belle épreuve collée. 1

480. Vénus et l'Amour; d'après Raphaël grav. par Aug. Venitien (286) A Sal. exc. et Horatius Pacificus Formis. — Le Satyre portant une Nymphe; d'après J. Romain par M. Ravenne (300) Ant. Sal. ex. Horatius Pacificus Formis. 2

Nro.

481. Diane et ses Nymphes au bain surpris par Actéon (T. XV. p. 40. Nr. 10) Prémier état. Aut. Lafreri Formis. 1

MARCENAY DE GHUY, ANTOINE DE.

482. Henri, comte de Berge en cuirasse; il est vu debout jusqu' aux genoux 1767, d'après Van Dyck; Fol. en h. Rigal Nr. 5. Très belle épreuve. . . . 1

483. Charles V, dit le Sage 1767. Nr. 28. . . . 1

484. Henry le Grand 1764. d'après Jannet; Nr. 30. . 1

485. Le chevalier Bayard 1768. Nr. 32. . . . 1

486. Maximilien de Béthune, Duc de Sully etc. d'après Porbus 1763. Nr. 36. 1

MARIE-ANNE, ARCHIDUCHESSE D'AUTRICHE.

487. Différens sujets; neuf estampes compris le titre . 9

MASON, JAMES.

488. The foundling hospital; beau paysage; d'après G. Lambert; tr. gr. Fol. en l. 1

489. Paysage offrant l'entrée dans une forêt; pendant; d'après le même; tr. gr. Fol. en h. 1

490. South-East View of Netley Abby near Southampton; d'après W. Bellers; tr. gr. Fol. en l. . . . 1

MASQUELIER, CLAUDE-LOUIS.

491. Auguste visitant le tombeau d'Alexandre; d'après Bourdon; gr. Fol. en l. 1

492. L'extrême Onction; d'après Jouvenet; gr. Fol. en h. 1

MASSARD, I. B. RAPH. URBAIN.

493. La Cananénne aux pieds de J. Christ; d'après Drouais; gr. Fol. en l. 1

MASSÉ, JEAN-BAPTISTE.

494. Enfans près d'une muraille donnant à manger aux poulets; d'après Ann. Carrache; Fol. en l. Epreuve avant les noms des artistes . . . 1

495. L'Adoration des bergers; d'après Nic. Poussin; Fol. en l. 1

MATHAM, JACQUES.

496. Les bergers adorant l'enfant Jésus nouvellement né d'après Bloemart (67) Visscher exc. . . 1

497. Moyse représenté assis; d'après Joseph Cesari d'Arpin (85) Très belle épreuve. . . . 1

Nro.

498. Les quatre saints Docteurs de l'église; d'après le même (87—90). Suite complète de 4 est. Belles épreuves 4

499. Les mages adorant J. Christ et lui offrant des présens; d'après Jacq. Palma (156) Premier état avant l'adresse de J. C. Visscher; Bartsch n'en parle pas. Rare et belle 1

500. Les Parques filant la vie des hommes; d'après H. Goltzius. (300) 1

MATHAM, THÉODORE.

501. Ste. Famille avec le mariage de Ste. Catherine compos. de sept figures; d'après P. Veronese; gr. Fol. en l. Un peu tachetée 1

502. Portrait de Webster, Poëte hollandais; Fol. en h. Belle 1

MECHEL, CHRÉTIEN DE.

503. Vue du Rhin; d'après Brinkmann — Prospectus Rheni; d'après Weirotter; Fol. en l. . . . 2

504. Familia Thomae Mori Angliae Cancellarii; d'après Joh. Holbein, Fol. en l. au lavis. Rare . . . 1

MELLAN, CLAUDE.

505. Une femme nue assise sur un lit tenant d'une main une couronne et de l'autre un fil où sont attachées deux colombes; pet. est en h. Epreuve du Cab. Dyonval — Trois femmes soutenant un médaillon rond, dans lequel est un portrait, deux d'entre elles tiennent une draperie, sur laquelle on lit: Balthasar de Vias; 4to. . . . 2

506. St. Pierre Camus, Evêque de Belley; Cl. Mellan pinx. et sculp. pet. Fol. en l. — Franc. de la Mothe le Vayer Foelices, F. Mellan C. del. et sc. 1648. . . 2

MERIGOT, J. et M.

507. View of the Source of the Arve; d'après L. Belanger; tr. gr. e. Fol. en l. au Cavis . . . 1

508. View of the Source of the Trient and of the Glacier from whence it issues; d'après le même; tr. gr. e. Fol. en l. Idem 1

Nro.

MENARD, PAUL.

509. Persée et Andromède; grande composition; d'après le tableau de Rubens qui se trouve dans la Gallerie Lichtenstein; en 1806. tr. gr. imp. Fol. en l. Manière noire. . 1

METIVIER, J.

510. Décorations Architectoniques; 25 Feuilles 1819 — 15 Feuilles 1822. En tout quarante est. . . . 40

MEYER, HENRY.

511. Sir Roger de Coverly going to church accompanie by the Spectator et surrounded by his tenants; d'après C. R. Leslie en 1822; gr. roy. Fol. en l. Très belle Epreuve 1

512. The blunt Rasor; d'après Edw. Bird; en 1824; Fol. en l. 1

MEYERINGH, ALBERT.

513. Le troupeau de moutons (2) . . . 1

514. L'ânier près de la fontaine (4) . . . 1

515. Le pont (12) 1

MICHEL, JEAN BAPTISTE.

516. L'ange consolant Hagar au désert; d'après Pietro de Cortona; tr. gr. Fol. en l. Belle et épreuve avant la lettre. Rare. 1

MIGER, SIMON-CHARLES.

517. Hermine sous l'habit de bergère; d'après P. F. Mola; gr. Fol. en l. 1

518. Tancrède blessé; d'après le même; gr. Fol. en l. . 1

MILET, FRANÇOIS.

519. L'Orage (12) Premier état. . . . 1

520. Céphale et Procris (16) Premier état . . 1

521. Le pêcheur à la ligne (18) Premier état . 1

522. Jésus Christ et la femme Cananéenne (22) Premier état 1

MOITTE, FPIERRE-ETIENNE.

523. Julien le Roy; Horloger de Roi; d'après Perroneau; gr. Fol. en h. 1

524. L' instruction du Catéchisme; d'après Baudouin; gr. Fol. en l. Belle 1

MOLA, PIERRE-FRANÇOIS.

525. Joseph et ses frères (1) Premier état avant le nom 1

*

Nro.

526. Le martyre de St. André; d'après Dominiquin (5) Second état 1

MONTCORNET, BALTHAZAR.

527. L'enlèvement d'Europe; ronde Folio. Rare . . 1

MORACE, ELIE.

528. Hercule enfant; d'après Aug. Carrache; Fol. en h. 1

529. La Fortune; d'après Guide; gr. Fol. en h. . 1

MORASCH, C. G.

530. Prospect der Stadt Pirna mit der Festung Sonnenstein; tr. gr. Fol. en l. Morasch fec. gravée à l'eau-forte et coloriée par lui-même. Belle estampe . 1

531. Eingang in den Plauenschen Grund; tr. gr. Fol. en l. Morasch fec. gravée à l'eau-forte et coloriée par lui-même. Belle estampe . . . 1

MORGHEN, RAPHAEL.

532. Thésée vainqueur de Minotaure; d'après Canova; tr. gr. Fol. en h. 1

533. L'Adoration des bergers ou la nativité; fameux tableau du R. Mengs au château de Madrid; gr. roy. Fol. en h. Cat. de Morghen 153. Cette estampe est une des plus rares de l'Artiste. Très belle épreuve. . 1

534. Les trois vertus cardinales; d'après la peinture de Raphaël au Vatican; tr. gr. r. Fol. en l. Très belle épreuve 1

MÜLLER, JEAN.

535. Le martyre de St. Sébastien; d'après Jean van Aachen (23) 1

536. Les trois Parques filant la vie des hommes; d'après Corn. Cornelis (31) 1

537. Jean Neyen de l'ordre de St. François, envoyé de l'Archiduc Albert auprès des états généraux des provinces unies; d'après M. Mirevelt; (60) Belle épreuve . . 1

538. Minerve donnant des armes à Persée et Mercure lui attachant des ailes aux pieds pour aller couper la tête de Meduse; d'après B. Sprangers. (69.) Cette estampe connue sous le nom du chef-d'oeuvre de Jean Müller est une de plus remarquable et des plus belles que cet artiste ait gravée. . 1

Nro.

MORRIS, THOMAS (élève de Woollett).

539. Paysage avec une rivière, en bas à droite une cabane; devant elle une femme avec son enfant et un chien; d'après G. Smith Chichester; gr. Fol. en l. . . 1

540. Paysage, vue d'une rivière, sur lequel un petit bâteau avec trois hommes; d'après R. Wilson; gr. Fol. en l. . 1

NANTEUIL, ROBERT.

541. Condé (Louis de Bourbon IIe. du nom, Prince de) surnommé Monsieur le Prince dans une couronne de laurier; R. Nanteuil faciebat Mense Augustii 1662. ovale Fol. en h. P. Gr. Fr. IV. Nr. 9. 1

542. Harley de Chanvallon (François de) Archevêque de Paris; buste demi-nature dans une bordure ovale de feuilles de laurier. Nanteuil ad. viv. ping. scul. et excudit c. p. R. 1671. Nr. 107. Second état. . . . 1

543. Jeannin (Pierre) Surintendant des Finances; dans une bordure ovale; Nanteuil faciebat. Nr. 112. . 1

544. Claude Joly, Evêque à l'âge de 63 ans en 1673; dans une bordure ovale. Nanteuil ad vivum ping. et sculpebat 1673 Nr. 113. Premier état avant que le mot: Lotharingus à été remplacé par Dei Gratia 1

545. Lamoignon (Guillaume) de, premier Président du Parlement de Paris, buste fort comme nature dans une bordure ovale tronquée haut et bas et des deux côtés; Nanteuil ad viv. faciebat c. p. e. 1676. Nr. 121. Troisième état 1

546. Némours (Anne Marie d'Orléans Longueville Duchesse de) dans une bordure octogone, quatre fleurs de lis aux quatre coins et sur le socle quatre vers; d'après Beaubrun; 4to. en h. Nr. 200. Pièce très rare et belle. . 1

547. Regnauldin (Claude) Procureur général au grand Conseil; dans une bordure ovale; Nanteuil ad viv. faciebat 23 Aug. 1658. Nr. 216. Premier état où l'année est suivie d'un point seul. Très belle épreuve 1

548. Turenne (Henri de la Tour d'Auvergne, Vicomte de), Maréchal de France, buste fort comme nature; dans une bordure ovale tronquée haut et bas et des deux côtés; R. Nanteuil ad vivum pingebat, sculpebat et excudebat c p. e. 1665. Second état. . . . 1

Nro.

NATALIS, MICHEL.

549. La St. Famille; d'après le tableau du Cab. de Roi; la Vierge prend l'enfant de son berceau, auprès de là se voit St. Elisabeth avec St. Jean; St. Joseph à gauche; un ange repand des fleurs; d'après Raphaël; gr. Fol. en h. . 1

550. La St. Famille dans un paysage, l'enfant est assis sur une brebis, à droite St. Jean est couché par terre; d'après le même; gr. Fol. en h. 1

NEEFS, JACQUES.

551. Une femme à sa toilette, la Folie lui tient un miroir; d'après Jacques Jordaens; Fol. en l. Hecquet Nr. 27. Premier état avant le Nr. 14. . 1

552. Un berger à genoux qui dit des douceurs à une bergère qui les reçoit avec dédain; d'après le même; gr. Fol. en l. Nr. 29. 1

NELLI, NICOLAS.

553. La Visitation de la Vierge; d'après And. del Sarto; tr. gr. Fol. en l. Nelli excudit. . . . 1

NYMEGEN, G. VAN.

554. Suite de sept paysages; G. van Nymegen inv. et fec. à l'eau-forte 1790. gr. in 4to. en h. Suite complète de six estampes plus le titre. . . 7

ORLEY, RICHARD VAN.

555. Chûte de Réprouvés, composition merveilleuse et bizarre. Ducunt in bonis etc. d'après Rubens gravé à l'eau-forte tr. gr. imp. Fol. N. 130. Rare. . . 1

ORSCHWILLER.

556. Six dessins d'après Granet, Lesaint et autres, lithographiés à la manière noire; à Paris; in Fol. en h. Suite complète. Sur papier de Chine. . . 6

OS, PIERRE G. VAN.

557. Deux chevaux de Frise dans l'intérieur d'une cabane. — Paysage où l'on voit vers la gauche près des ruines une bergère gardant trois moutons et deux boeufs; gr. à l'eau-forte d'après P. Potter; Fol. en h. . . 2

558. Groupes de béliers et moutons sur une planche in Fol. en h. 1

Nro.

OSSENBECK, JEAN VAN.

559. L'épouilleuse (14.) Très belle épreuve avec le nom, non mentionnée au P. Graveur. . 1
560. La diseuse de bonne aventure (21.) . . . 1

OSTADE, ADRIEN VAN.

561. La fête sous la treille. (47) Second état plus travaillé et le pigeon de la maison dans le fond chargé d'une double taille. . . 1

OUVRIER, JEAN.

562. L'Origine de la Peinture ou les Portraits à la mode; d'après J. E. Schenau; tr. gr. Fol. en h. Belle pièce et très belle épreuve. 1
563. La Lanterne magique; d'après le même; pendant; tr. gr. r. Fol. en h. Idem. Idem. . . . 1
564. Vue des Alpes. — Vue des Apennins; d'après J. Vernet; gr. Fol. en h. 2

PAAR, WENCESLAS COMTE DE.

565. Huit paysages; dessinés par W. A. Comte de Paar; gravés par Gabet, Ponheimer et Wertheim; in pet. Fol. 8

PANDEREN, EGBERT VAN.

566. Jésus Christ à l'entrée du tombeau environné des siens; d'après Abr. Janssens; gr. Fol. en h. . 1

PAZZI, PETRUS-ANTONIUS.

567. St. Barthélémi faisant bâtir une église, on lui présente des plans; d'après Dominiquin; tr. gr. imp. Fol. en l. 1

PASS, CRISPIN DE.

568. Ecce Homo ou Christ présenté au peuple. Crispin de pas Juventor coelator et excursor. Fol. en h. Belle pièce et rare. Le coin droit en haut dédommagé. 1
569. Les douze mois de l'année en forme ronde; Schemata XII mensium et ad signa Zodiaci applicatione in quatuor anni partes divisa. Juventore M: de Vos, sculpsit et excud. Crisp. de Pas;

Nro.

gr. 4to. Suite complète de 13 estampes, titre y compris. 13

PAUQUET.

570. Louis Philippe Ier Roi des Français; Dessiné et gravé par Pauquet 1830. Fol. en h. . . . 1

PAUTRE, JEAN LE.

571. St. Famille dans un paysage, la Vierge est assise à la gauche et allaite l'enfant Jésus; pet. Fol. en l. — L'adoration des bergers; Jean le Pautre in fec. pet. Fol. en h. — Danse de paysans au son d'une flûte dont joue un homme assis et vu par le dos; pet. Fol. en l. — Daphné changée en laurier; pet. Fol. en l. 4

PEDRO, FRANCESCO.

572. Bacchanale; d'après Franceschini; Fol. en l. . 1

PEGNA, GIACINTO LA.

573. Grande attaque de la forteresse Colle dell' Assieta en Piémont par les troupes françaises en 1754. La Pegna Brixelle sculp. 1754. tr. gr. r. Fol. en l. Pièce capitale d'une pointe spirituelle et la plus rare de l'artiste. 1

PENNIS, LAVRENT.

574. Vénus pleurant la mort d'Adonis; tr. gr. Fol. en l. au bas 12 vers italiens, sur un carquois au milieu on lit: Laurensius Pennis fecit. Rare. . . . 1

PERRET, PIERRE.

575. Le Martyre de St. Catherine; Fol. en h. Ops. M. Perez de All. (Alleccio) Melitae et ejusdem Formis Romae 1582. Pietro Perret fecit 1582. Rare. Très belle épreuve. . . . 1

576. L'Adoration des Rois. P. Perret fec. 91. Fol. en h. — St. Famille avec cinq personnes. Pierre Perret fecit Romae 1583. Bernardinus Passarus in pet. Fol. en h. 2

PERFETTI, ANTONIO.

577. Presentazione al Tempio; d'après Fr. Bartolomeo. gr. Fol. Pièce qui a remportée le grand prix de l'Académie de Milan en 1825. Belle épreuve. 1

Nro

PESNE, JEAN.

578. Portrait de François Langlois dit Ciartres ou de Chartres; d'après Ant. van Dyck; gr. Fol. en h. Belle. . 1
579. Le Baptême de N. S. au Jourdain; Venit Jesus etc. d'après Nic. Poussin; gr. estampe en deux feuilles assemblées. 1
580. Le grand Prêtre donnant la confirmation; Signantur Signo etc. d'après le même. Idem. . . 1
581. Jésus à table chez Simon le Pharisien; Remittuntur etc. d'après le même; Idem. 1
582. Jésus célébrant la St. Cène: Hoc est corpus meum etc. d'après le même. Idem. . . . 1
583. Un mourant pleuré par sa famille: Orent super eum etc. d'après le même. Idem. . . . 1

PETHER, WILLIAMS.

584. A Jew Rabbi, figure à mi-corps; d'après Rembrandt; gr. Fol. en h. Avant la lettre. Très belle épreuve. 1
585. L'Alchymiste dans son laboratoire; d'après J. Wright; gr. Fol. en h. Chef-d'oeuvre dans la gravure en manière noire. Très belle épreuve avant la lettre. 1
586. The Eremite contemplating; d'après le même; gr. r. Fol. en h. Chef-d'oeuvre dans la gravure en manière noire. Très belle épreuve avant la lettre. 1

PFEIFFER, CHARLES-HERMAN.

587. Rodolphe de Habsbourg couronnant l'Archiduc Charles d'Autriche; d'après Füger; tr. gr. r. Fol. en h. Deux épreuves avant et avec lavis. . . 2
588. Dido abandonnée d'Enée; d'après J. Grassi; gr. Fol. en l. 1
589. Jugement de Salamon; d'après Stella; tr. gr. Fol. en l. 1
590. Maria mit dem Kinde; d'après Kadlic; tr. gr. r. Fol. en h. 1
591. Jupiter endormi par Junon; d'après Lenz; gr. imp. Fol. en l. Avant toute lettre. Rare. . . 1

Nro.

PHILIPPS, JAMES.

592. Grand paysage d'arbres de Baryans à droite sous une tente plus Officiers anglais et plusieurs Indiens etc. d'après J. Wales; tr. gr. r. Fol. en l. La lettre tracée. Très belle épreuve. 1

PIAN, GIOVANNI DE.

593. St. Madelaine; d'après Guido Reni; Fol. en h. gravés au burin. 1

594. Allégorie sur la conquête de la ville de Milan par le F. M. Souwarow; d'après Fr. Gallimberti; gr. r. Fol. en h. en manière noire. 1

PICART, BERNARD.

595. Jacques Premier; d'après A. van Dyck; — Jacques II. d'après G. Kneller. — Marie II., Reine d'Angleterre; d'après le même; trois est. dans des ovales in pet. Fol. 3

596. Le Lutrin, poëme heroï-comique en six chants par Boileau-Despreaux. Sept pièces in pet. Fol. compris le titre, suite complète; plus le portrait de Boileau apporté sur le Parnasse par la Poésie, en haut, 1718. . . . 8

597. Dix estampes d'après les dessins de Cangiage, Ann. et Louis Carrache, le Guide, Fr. Mazzuoli, Parmesan, Poussin, P. Teste etc. de la Suite des Impostures innocentes. . . 1

PICART, ETIENNE DIT LE ROMAIN.

598. Image de l'homme sensuel; d'après le Correge; gr. Fol. en h. 1

599. La séparation de S. Pierre et de S. Paul; d'après Jean Lanfranc; gr. Fol. en l. 1

PICCIONI, MATHIEU.

600. L'adoration des bergers; d'après P. Veronese (2). 1

PICHLER, JEAN.

601. Cupidon; d'après Correggio; gr. Fol. en h. Pièce rare. Epreuve très belle avant la lettre. . 1

602. Cupidon assis par terre, une flèche dans la main droite élevée; d'après G. Reni; gr. Fol. en l. Avant toute lettre. 1

Nro.

603. Rembrandt van Ryn en buste; d'après Rembrandt; gr. r. Fol. en h. 1

604. Mausolée de l'Archiduchesse M. Christine à Vienne; d'après Canova; tr. gr. imp. Fol. en h. . . . 1

PILLEMENT, VICTOR.

605. Hercule et Cacus; d'après le Dominiquin; gr. Fol. en l. 1

606. La Cascade; d'après J. Vernet; gr. Fol. en l. . 1

PIRINGER, BENOIT.

607. Landschafts-Studien nach Molitor von Piringer; Fol. en l. à l'aquatinta; Suite complète de huit estampes. 8

608. Ville de Rouen de deux côtés, tr. gr. r. Fol. en l. Avant la lettre. Très belles épreuves. . 2

PLATZER, LEOPOLD.

609. Carlsbad pendant la grande inondation le 9 Septembre 1821. Leopold Platzer infixit et fecit. . 1

POILLY, JEAN BAPTISTE DE.

610. Susanne accusée par les Vieillards; d'après Ant. Coypel; tr. gr. r. Fol. en l. Pièce capitale du graveur. 1

611. La grande assemblée des Dieux; d'après P. Mignard; tr. gr. r. Fol. en l. Collée. 1

612. L'adoration du veau d'or; Peuple fou etc. d'après Nic. Poussin; tr. gr. r. Fol. en l. J. B. de Poilly sculp. et exud. Très belle épreuve. . . 1

POILLY, NICOLAS DE.

613. Gaston, Duc d'Orléans; ovale Fol. en h. — Vignerot, abbé de Richelieu; ovale Fol. en h. N. Poilly ad vivum. 2

614. Portrait de Louis, Dauphin de France, fils de Louis XIII, Roi de France et Navarre; grand comme nature; N. Poilly sculp. c. p. r. Belle épreuve. . . 1

POILLY, FRANÇOIS DE.

615. Jésus Christ mis à la croix, grande composition. Disciplina pacis etc. d'après N. de Poilly; tr. gr. r. Fol. en l. Très belle épreuve. . . . 1

*

Nro.

PONTIUS, PAUL.

616. Ferdinandus Austriacus, S. R. E. Cardinalis, Philipp. II. III. IV. nepos, filius, frater, Caroli V. Imp. pronepos etc. gloriae aeternitatique tanti Principis devotus Ant. van Dyck Eq. D. D. Grandeur demi naturelle en ovale. 1

617. Le tableau de la chapelle de St. Jacques à Anvers où est le tombeau de Rubens; d'après Rubens; tr. gr. r. Fol. en h. Basan N. 17. Belle épreuve, mais collée et en haut coupée. 1

POPELS, JEAN.

618. Triomphe de Bacchus monté sur un âne; d'après Rubens; gr. Fol. en l. gravée à l'eau-forte. Basan N. 61. . 1

POQUET.

619. Pierre et Jean allant au temple y guérissant un boiteux de naissance; d'après N. Poussin; Fol. en l. . 1

POTTER, PAUL.

620. Le vacher (14) Paulus Potter in. et f. 1649. Pièce rare; Anc. et belle épreuve signée Gabet. . 1

621. Le berger (15) Rare. Anc. et belle épreuve, l'adresse de Cl. de Jonghe effacée. . . 1

POTRELLE, J. L.

622. Le prince Charles de Schwarzenberg, Duc de Krumau etc. d'après F. Gerard; ovale Fol. Lettre ouverte. Très belle épreuve. . . . 1

PRESTEL, MARIE-CATHERINE.

623. Evening; grand paysage; d'après Moucheron et Adrien van de Velde; tr. gr. r. Fol. en l. à l'aquatinta. . 1

PREVOST, Z.

624. Louis XIV bénissant Louis XV; d'après Hersent; Fol. en l. Avec l'estampille de la Société des Amis des Arts à Paris. Très belle épreuve. . 1

PRIMAVESI, J. GEORGES.

625. Geätzte Blätter 1800 (Divers Paysages) Gravés à l'eau-forte; Fol. en l. Suite complète de six estampes. 6

626. Deux paysages d'après Klengel et G. Wagner; in. Fol. en l. à l'aquatinta. 2

Nro.

PROU, JACQUES.

627. Agar dans le désert; d'après v. Molte; gr. Fol. en l. 1

QUAGLIO, DOMINIQUE.

628. Une maison gothique. — Une église — Intérieur d'une église. Dom. Quaglio inv. fec. 1809 etc. Lithograph. 2

629. Sammlung denkwürdiger Gebäude des Mittelalters in Deutschland, aufgenommen und auf Stein gezeichnet von Dom. Quaglio. 1—6. Lieferung. I. Stadt Esslingen am Nekar-Klosterhof in Franken. — St. Maximus Kapelle in Salzburg. II. Wallfahrtskirche in Tyrol. — Schloss Kipfenpfenberg im Altmühlthale. — Seitengang im Münster zu Ulm. III. Reichspraelatur Kaisersheim. — Domkirchhof in Regensburg. — Schloss Prunn im Altmühlthale. IV. Kirchhof von St. Johannes. — St. Margarethen Kapelle zu Nürnberg. — St. Martins Pfarrkirche in Landshut. V. St. Clemens in Rheingau. — Tempelherrenhof zu Bacherach. — St. Wernerskirche zu Oberwesel am Rhein. VI. Dom zu Frankfurt am Mayn. — Eingang in den Münster zu Ulm. — Rathhaus zu Ulm. 18

RADIGUES, ANTOINE.

630. Angélique et Médor; d'après Alex. Fiarini; gr. Fol. en l. 1

RACINE, JEAN-BAPTISTE.

631. Première et seconde vue des environs de Gaillon; d'après Pillement; Fol. en l. 2

RADDON, W.

632. The Clubbist; d'après D. Wilkie en 1832; Fol. en h. 1

RAHL, CHARLES.

633. Der Verwaiste. — Der Mutter Grab. C. Rahl. inv. fec. in Fol. en l. 2

634. Sichere Leitung. — Sichere Strafe. C. Rahl. inv. fec. in Fol. en h. 2

635. St. Jacques assis dans un paysage; d'après Guercino; Fol. en h. Avant la lettre. 1

Nro.

RASTAINI, FRANÇOIS.

636. La descente de croix; d'après Dan. Ricciarelli da Voltera; gr. r. Fol. en h. . . . 1

RAVENET, SIMON-ERANÇOIS.

637. The Sheperds in Arcadia; d'après J. Mortimer; gr. Fol. en h. 1

638. Lucrèce pleurant son infortune; d'après And. Cazali; tr. gr. Fól. en h. Très belle épreuve.

REHBERG, FEDERICO.

639. Figure prese dal vero ed incise da Federico Rehberg, Romae 1799. in-8. grav. à l'eau-forte. Suite complète de six Estampes. 6

REINDEL, A.

640. Muse dite la petite Cerès. — Femme asiatique; deux statues antiques sur la même planche; Fol. en l. . . 1

RENI, GUIDO.

641. St. Christophe (14). 1

RHEIN, NICOLAS.

642. Henricus Joh. a Kereus, Primus Sedis Sanhippolitanae in Austria Episcopus; d'après Weickert. — Mistress Lampi; d'après J. B. Lampi. Fol. en h. . . . 2

RIBERRA, JOSEPH DIT L'ESPAGNOLET.

643. Silène (13). Second état avec l'inscription: Al. Molto etc. Rare. Belle épreuve. . . . 1

RICCI, MARCO.

644. Suite (complète) de vingt-quatre paysages avec des ruines et figures; d'après M. Ricci; gravée à l'eau-forte par Fossati; Fol. en i. Très belles épreuves et très rare à trouver complètes. . . 24

RICCIANI, ANTOINE.

645. Judith montrant la tête d'Holoferne au peuple, riche composition. Ecce caput Holofernes etc. d'après P. Benvenuti; tr. gr. imp. Fol. en l. Pièce capitale et remarquable. Très belle épreuve. . 1

Nro.

RICHOMME, JOSEPH-THEODOR.

646. Andromaque; d'après P. Guérin en 1825; tr. gr. r. Fol. en l. Très belle épreuve avec le timbre de l'artiste. 1

RIDINGER, JEAN-ELIE.

647. Les Leçons de Caroussel avec explication en allemand et en français; Fol. en h. Suite complète de 16 estampes reliée en veau. 16

648. Représentation et description de toutes les leçons de Chevaux de manége et de la campagne, dans quelles occasions on s'en puisse servir. Augsburg 1761. Suite complète de 46 estampes. Avec le texte reliée dans un volume en veau. 1

649. Différens chevraux; Fol. en l. Suite complète de trente six estampes. Rare à trouver complète. . 36

650. La Visitation de la Vierge chez Elisabeth; tr. gr. imp. Fol. en l. Joh. El. Ridinger excud. Aug. Vind. . 1

RIGAUD, JEAN.

651. Diveres vües du Chatea royal de Marli près de Versailles. J. Rigaud insculp. gr. Fol. en l. Suite complète de six estampes. Très belles épreuves. 6

652. Vues du Château royal de Vincenc. J. Rigaud inv. sculpit; gr. Fol. en l. Suite complète de deux estampes. Idem. 2

653. Vues du château royal de Monceaux, J. Rigaud inv. sculp.; gr. Fol. en l. Suite complète de deux estampes. Idem. 2

ROBERT, P. P. A.

654. La nativité de J. Christ. P. P. A. Robert pin. et sculp. 1727. Fol. en h. 1

ROBERTI, CÉSAR.

655. L'Adoration des Rois, appelée: La Présèpe, composition immense, avec la dédicace au Duc d'Urbino Franc. Maria II.; d'après Balth. Peruzzi; gr. r. Fol. en h. Belle épreuve apud Mathaeum Florini Formis. . . 1

Nro.

RODERMONT, M.

656. Portrait de Jean Second, célèbre Poëte; pet. Fol. en h. grav. à l'eau-forte. Bartsch Cat. de Rembrandt II. p. 137. N. 79. Ce morceau est très rare. Très belle épreuve. 1

ROMERO, GIOVANNI.

657. La morte de Zerbino; d'après L. Sabetelli; gr. Fol. en h. 1

658. The Battle of Marathon; d'après le même; tr. gr. imp. Fol. en l. 1

ROOS, JOSEPH.

659. Différens moutons et chèvres. Joseph Roos inv. et fec. aqua f. 1754. Suite complète de 7. est. y compris le titre. 7

ROSA, SALVATOR.

660. La chûte de géans; tr. gr. r. Fol. en h. (21) Rare. 1

ROTA, MARTIN.

661. Repos en Egypte; la Vierge se reposant à l'ombre d'un arbre au milieu de St. Joseph et de St. Jean Baptiste, elle a l'enfant entre ses bras; d'après Titien (2) Très belle épreuve signée par Mariette. . 1

ROUSSELET, M.

662. Barques Marchandes Hollandaises; d'après van der Velde — Gros Tems sur les Côtés d'Angleterre; d'après Backhuisen; Fol. en l. 2

RYDER, THOMAS.

663. The Politician; d'après S. Elmer; Fol. en h. Belle gravure et très belle épreuve. . . 1

664. Shakspeare: Midsummer Night's Dream Act IV. Sc. 1. d'après H. Füseli; tr. gr. Fol. en l. point. . . 1

SACCHI, CHARLES.

665. L'adoration des bergers d'après le Tintoret (1) Collée et dédommagée au bas et à droite. . 1

Nro.

SADELER, GILLIS.

666. Melchior Klesel, évêque de Vienne; in Fol. en h. Ce beau portrait ne se trouve cité dans aucun catalogue d'estampes. Rare et belle. . 1
667. Narcisse se voyant dans la source. Aegidius Sadeler invent. et sculp. gr. Fol. en h. Belle, collée 1
668. St. Sebastien mourant attaché à un arbre un ange retire les flèches dont il est percé etc. Aegidius Sadeler inventor et sculpsit; gr. Fol. en h. Collée. . 1
669. L'adoration des bergers; d'après J. van Ach; Fol. en h. 1
670. Buste d'un homme à barbe pointue et en bonnet; d'après A. Dürer; Fol. en h. Heller 2533. . . . 1
671. Lapidation de St. Etienne; d'après J. Palma; gr. Fol. en h. 1
672. Minerve debout et tout armée; d'après Sprangers; tr. gr. Fol. en h. Pièce capitale. Très belle épreuve. 1

SADELER, JEAN.

673. La Vierge assise sous un baldaquin tient l'enfant Jésus sur ses genoux, sur le devant sont deux anges avec ses encensoirs qui les adorent, à deux côtés de la Vierge St. Jean Baptiste et St. Jean Evangéliste debout; d'après J. van Ach 1589. Fol. en l. L'original et copié; deux estampes. 2
674. St. Famille accompagnée du petit Jean; d'après le Barroche; Fol. en h. 1
675. David résigne le règne à Salomon; d'après M. van Vos; gr. Fol. en l. 1
676. David dans la salle chantant les louanges de Dieu; riche composition. Insignis et imitanda Davidis regii Prophetae pietas; d'après Jod. Winge; tr. gr. Fol. en l. Pièce capitale, collée. . . . 1
677. Bacchus assis sur un tonneau, au bas la Musique et l'Amour; d'après le même; tr. gr. Fol. en h. Belle. . . 1

SAENREDAM, JEAN.

678. Lycurge et les Lacédemoniens (7). . . 1

Nro.

679. L'annonciation des anges aux pasteurs, à droite un berger endormi; d'après Abr. Bloemart (24) Nic. Visscher excudit — Copie de la partie inférieure par F. B. Bergonci. 2

680. La vanité des richesses, représentée par une femme qui tient un vase rempli de fumée etc. d'après le même (29) La bordure coupée. 1

681. L'histoire de Niobé et de ses enfans en huit estampes; d'après Caravaggio (33) Suite complète. C. Visscher jun. excudit. 8

SANDBY, PAUL.

682. Triumphal Archat Fano built in honour of Constantine — Sepulchral Monument at old Capua — Ruins near Agrigentum in Sicily — The Sepulchre of King Theodorick near Ravenna; gr. Fol. en. l. 4

683. The Encampment in St. James's Park 1780. The Encampment on Blackheath 1780. gr. Fol. en l. . . . 2

SANDRART, JOACHIM.

684. Les douze mois de l'année représentés par huit figures d'hommes et quatre de femmes vues jusqu' aux genoux et par scènes de la vie; au bas de chaque feuille huit vers latins; gravées d'après Joach. Sandrart par van Dalen (1) Falk (2) Halwech (1) Th. Matham (1) Persyn (3) et Suyderhoef (4) Suite complète. Premier état avec l'adresse de Joachim Sandrart; très belles épreuves d'une égale impression et bonne conservation; rarement ainsi à trouver. 12

SARRABAT, JEAN.

685. Un moine confessant un prisonnier; d'aprés van Haeften; p. Fol. en h. manèire noire. . . . 1

SAUVE, JEAN.

686. La St. Vierge assise près d'une muraille et découvrant l'enfant couché sur un linge; d'après le Guide; Fol. en h. 1

Nro.

SCHÄUFELEIN, HANS.

687. La Résurrection de Lazare (17) Gravée en bois; grande morceau composée de huit pièces jointes ensemble. Remarquable et rare. . . 2

SCHENK, PIERRE.

688. Petrus van der Plass (Sculpteur) vu jusqu' aux genoux. Fol. en h. — Ludolph Smids, (Littérateur) vu jusqu' aux genoux; Fol. en h. 2

689. La leçon de musique; pet. Fol. en h. P. Schenk inven., fecit et exc. Amst. Très belle épreuve. 1

690. St. Madelaine à genoux et en prière; sujet éclairé par une lampe et counu sous le nom de la Madelaine à la lampe; d'après G. Schalken; pet. Fol. en h. Très belle épreuve. 1

SCHIAMINOSSI, RAPHAEL.

691. Jésus Christ tenté par le démon (32.) . . 1

SCHLICHT, ABEL.

692. Gefängniss für die Schaubühne; erfunden und gestochen von A. Schlicht; tr. gr. r. Fol. en h. Gravée à l'eau-forte d'une manière très pittoresque. . 1

693. Gefängniss für die Schaubühne; erfunden und gestochen von A. Schlicht; tr. gr. r. Fol. en h. Idem. Idem. 1

694. Unterirdisches Gefängniss für die Schaubühne; erfunden und gestochen von A. Schlicht; gr. r. Fol. en l. à l'aquatinta. 1

SCHLOTTERBECK, W. F.

695. Grand paysage orné des ruines et figures; d'après J. Both; tr. gr. r. Fol en l. à l'aquatinta et coloriée. 1

696. Grand paysage avec une vieu château sur une colline etc. d'après le même; tr. gr. r. Fol. en l. Idem. Idem. 1

697. Six vues du duché de Styrie; gr. Fol. en l. à l'aquatinta. Suite complète. 6

698. Trente six vues prises dans le duché de Salzbourg et Berchtesgaden; Fol. en l. à l'aquatinta. Suite complète. Epreuves avant la lettre. . . 36

699. Six pièces de la suite précédente coloriées. . . 6

*

Nro.

SCHMIDT, GEORGE-FRÉDÉRIC.

700. Jean Law Contr, d'après Rigaud; Ovale 8. Catal. de l'oeuvre de Schmidt. Londres 1789. N. 21. Avec l'adresse d'Odieuvre. . . . 1

701. Charles Gabriel de Tubières de Caylus, Evêque d'Auxerre, figure entière assise dans un fauteuil; d'après Fontaine; tr. gr. Fol. en h. Nr. 40. Pièce capitale et une des rares. 1

702. Buste du Comte de Brühl, premier Ministre etc. sur un piédestal à côté duquel est un génie. G. F. Schmidt del. et sculp. gr. 8. N. 84. 1

703. La belle Grecque dans un joli paysage; d'après N. Lancret; Fol. en h. N. 95. Rare. 1

704. Le Turc amoureux dans un paysage agreste; d'après le même; Fol. en h. N. 96. Rare. . . . 1

705. Le buste de la St. Vierge en dévotion; d'après Sassoferrato; Fol. en h. N. 163. Belle épreuve. . 1

706. La Présentation de la St. Vierge au temple; d'après P. Testa; tr. gr. r. Fol. en h. N. 172. Pièce rare et très belle épreuve. 1

SCHMID, JOSEPH.

707. Der Fastnachts-Bruder. — Die verlarvte Alte; d'après S. Vraux; pet. Fol. en h. 2

SCHMUTZER, ANDRÉ ET JOSEPH.

708. Decius Mus propose à ses centurions un plan contre ses ennemis; P. Deccium Murem Trib. Mil. etc. d'après Rubens; tr. gr. Fol. en h. Hequet N. 13. Très belle épreuve. 1

709. Maria Magdalena Archidux Austriae; figure entière; d'après J. Stampart; gr. Fol. en h. . . . 1

SCHMUTZER, JACQUES.

710. Christian Guillaume Ernest Dietricy, peintre d'Auguste II. et d'Auguste III, Rois de Pologne etc. peint par lui-même et gravé à Paris 1765. par Jacques Schmutzer; gr. Fol. en h. Pièce très belle, gravée en partie par Wille. Très belle épreuve. . . 1

Nro.

711. La même estampe. Epreuve avant toute lettre, seulement avec les mots: J. Schmutzer 1765. indiqués à la pointe et avant la bordure. Très rare. 1

712. Madame Bodin Première Danceuse du Théâtre Impérial; tr. gr. Fol. en h. Premier état avant le nom et avec la faute au mot: Danceuse, avant la toupe éclaircie et la planche rapportéé. Très rare. 1

713. Gast. Georg König de Königsthal; figure assis dans un fauteuil; tr. gr. Fol. en h. Jacobus Mathias Schmutzer aeri incedit Vindobonae 1759. Avant la lettre. Très rare. 1

714. Josephus Wenceslaus Sac. Rom. Imp. Princeps de Lichtenstein; d'après V. Fanti; tr. gr. Fol. en h. . . 1

SCHOONEBECK, CHRIST.

715. Conquête de la ville Tanais par Pierre le Grand. Magni Caesaris jussu etc. tr. gr. r. Fol. en l, Christ. Schoonebeck. Moscuae 1699. . . 1

SCHULER, CHARLES-LOUIS.

716. La Sainte Famille de Jésus Christ (au Louvre); la Vierge prend l'enfant de son berceau, auprès d'elle se voit Ste. Elisabeth avec St. Jean, S. Joseph à gauche, un ange repand des fleurs; d'après Raphaël; tr. gr. r. Fol. en h. Epreuve sans lettre. . . . 1

SCHULTZE, J. G.

717. Esculape; d'après la statue antique; gr. Fol. en l. . 1

718. Jason; d'après la statue antique; gr. Fol. en l. . 1

SCHUPPEN, PIERRE VAN.

719. Portrait du Cardinal Mazarin sur un tapis orné de quatre ronds avec emblêmes, en bas les armes du Cardinal. P. van Schuppen faciebat 1660. tr. gr. Fol. en l. Très belle épreuve. 1

720. Pierre de Bonsy, Cardinal Archevêque et Primat de Narbonne etc. d'après Bachichi 1692. ovale gr. Fol. Belle. 1

Nro.

721. Lodovicus Maria Armandus de Simanes de Gordes Lugdunl Comes etc.; d'après C. le Fèbre 1669; ovale gr. Fol. Belle. 1

722. Bernard de Foix de la Valette, Duc d'Espernon etc. d'après N. Mignard. P. van Schuppen sculpebat 1661. ovale Fol. Belle. 1

723. Hier. Bignon. Cóm. Consist. in Supremo. Gal. Senatu Advoc. etc. P. van Schuppen sculp. 1695. ovale pet. Fol. 1

724. Nic. Joseph Foucault; d'après N. de Largilliere 1698. ovale Fol. 1

725. Charles de Houël, Chev. et Baron de Morainville etc. en cuirasse; d'après P. v. Mol. ovale Fol. en h. . 1

SCHUT, CORNEILLE.

726. Conversion de St. Paul; C. Schut fec. Fol. en h. 1

727. Pirame et Thisbé; in Fol. en l. — Triumphus Pacis; Fol. en l. 2

SCOTT, J.

728. Snared Hare — Covy of Partridges; d'après S. Elmer; p. Fol. en l. 2

SCOTIN, LOUIS-GÉRARD.

729. Le Plaisir du bal; d'après A. Watteau; tr. gr. r. Fol. en l. 1

SEUPEL, J. A.

730. M. Joh. Theob. Heinrici, Pastor et Canonicus Thomanus Argent; ovale Fol. — Ludwig Crafft, Graf zu Nassau — Saarbrucken und Saarwerder; ovale Fol. — Baltasar Friederich Saltzmann, Pfarrer etc. zu Strassburg 1689. ovale Fol. 3

SEYFFER, AUGUSTE.

731. Stammschloss Würtemberg. Seiner Majestät dem Könige Friedrich von Würtemberg gewidmet; gr. r. Fol. en l. Belle épreuve. 1

SHARP, WILLIAM.

732. The Witch of Endor (La Sorcière d'Endor) faisant paraître à Saul l'ombre de Samuël; d'après B. West; tr. gr. Fol. en l. Pièce capitale du graveur. . . 1

Nro.

SHERWIN, JOHN-KEYSE.

733. The finding of Moses ; très riche composition de 17 figures dans un beau paysage; J. K. Sherwin inv. et sc. tr. gr. imp. Fol. en l. Pièce capitale d'un beau burin. L'inscription coupée. . . . 1

SIMON, PIERRE.

734. Shakspeare. Much ado about nothing. Act III. Scene 1. d'après W. Peters; tr. gr. Fol. en h. Très belle épreuve. 1

735. Shakspeare. As you like it. Acte II. Scene 7. The seven Ages. Fifth Age; d'après R. Smirke; tr. gr. Fol. en l. 1

736. Shakspeare. As you like it. Act. II. Scene 7. The seven Ages. Seventh Age; d'après le même; tr. gr. Fol. en l. . 1

SKELTON, WILLIAM.

737. The Angel freeing the Apostles; d'après Kirk; Fol. en h. 1

SLOANE, MICHEL.

738. The Nativity ou plutôt connu sous le nom: la nuit de Corrège; engraved by Mich. Sloane from the Original Picture in the Royal Gallery of Dresden 1802; tr. gr. r. Fol. en h. 1

SMESS, J.

739. Différens paysages (1—5) Oeuvre complète; très rare. Très belles épreuves. . . 5

SMITH, JOHN.

740. La Parabole du Samaritain; pet. in Fol. en h. gravée en manière noire d'une exécution très fine. Rare. Très belle épreuve. 1

741. Un berger et une bergère assis au pied d'un saule, leur troupeau est autour d'eux, le fond est un beau paysage; pet. Fol. en h. gravée en manière noire d'une exécution très fine et gracieuse. Rare. Très belle épreuve. . 1

742. Dix feuilles y compris le titre. Les Amours des Dieux; d'après le fameux tableau de Titien de la galerie de Blenheim; gravées en manière noire 1708—9. Savoir: 1)

Nro.

Jupiter Juno et Jo. — 2) Neptune et Amphitrite. 3) Pluton et Proserpine; 4) Cupidon et Psyché. 5) Hercule et Dejanire. 6) Vulcain et Cérès. 7) Apollon et Daphné. 8) Bacchus et Ariadne. 9) Mars et Vénus. 10) Titre gravé par Vertue avec dédicace au duc de Marlborough. Suite complète en très belles épreuves et rarement ensemble. 10

SMITH, JOHN-RAPHAEL.

743. Jeune femme dans l'esclavage; d'après Mortimer; Fol. en l. en manière noire. Très belle. . . 1

744. A Parmesan Lady — A Sclavonian Lady; d'après W. Peters; Fol. en h. 2

SOMMER, PAUL VAN.

745. Vénus et Antiope; pet. Fol. en l. gravée en manière noire. 1

746. Pyrame et Thisbé; pet. Fol. en l. Idem. . . 1

SOMPELN, PIERRE VAN.

747. Jésus Christ à la croix; d'après Rubens; tr. gr. Fol. en h. Hequet Nr. 75. Premier état: P. Soutman excud. c. P. Rare. Très belle épreuve. . . 1

SORIUS, P.

748. Incendie d'une ville — Batimens délabrés. Pet. Fol. en l. gravées à l'eau-forte. Rares. . . . 2

SORNIQUE, DOMINIQUE.

749. Les Délices de la Tabagie; d'après D. Teniers; gr. Fol. en h. 1

SPIERRE, FRANÇOIS.

750. St. Jean prêchant dans le désert. — La multiplication des payns et des poissons; d'après L. Bernini; Fol. en h. 2

SPILSBURY, INIGO.

751. Diverses petites têtes, gravées dans le goût de Rembrandt au pointe sèche; Suite de 14 est. . . 14

752. Two Friars of the Order of St. Anthony; d'après P. P. Rubens; Fol. en h. en manière noire. Très belle épreuve. 1

Nro.

STEEN, FRANÇOIS VAN DER.

753. Jupiter et Jo dans une nue; d'après le **Corrège**; gr. Fol. en h. **Rare**. 1

754. Ganymède enlevé par un aigle; d'après le même; gr. Fol. en h. **Rare**. 4

755. L'Amour travaillant son arc; d'après le même; tr. gr. Fol. en h. **Rare**. 1

STÖBER, FRANÇOIS.

756. Die Hauptgötter der Fabel; d'après **Jean Ender**; ovale pet. Fol. en h. **Suite complète de 7 estampes**. 7

STOLBERG, CHRETIEN PRINCE DE.

757. Deux est. in pet. Fol. Un gueux appuyé sur son bâton marchant à droite; morceau legèrement esquissé — Soldats en marche; gravé à l'eau-forte. **Rares**. . . 2

STOOP, THIERRY.

758. Cavalier au galop, à droite une écurie (1) **Premier état Clément de Jonghe excudit. Très belle épreuve**. 1

759. Jeune garçon tirant un cheval par sa longe pour le faire boire dans une mare (2) **La marge au bas coupée. Idem**. 1

760. Deux chevaux au pâturage (3) **Premier état avant le numéro. Idem**. 1

761. Cheval au piquet, paysan assis sur une pierre, près de lui deux chiens (4) **Premier état avant le numéro. Idem**. 1

762. Cheval qui pisse, il est attaché à un tronc d'arbre (5) **Second état avec le numéro 5. Idem**. . 4

763. Villageois tenant un cheval par la bride, près de lui deux chiens (6) **Second état avec le numéro 6. Idem**. 1

764. Deux chevaux de charrue dans un camp. (7) **Premier état avant le numéro**. 1

765. Paysan faisant boire deux chevaux dans une auge, dans le lointain un cavalier (8) **Premier état avant le numéro. Idem**. 1

Nro.

766. Cheval attaché à un palis, près duquel un chien couché (9) Premier état avant le numéro. Idem. . 1

767. Cavalier faisant pisser son cheval, à gauche un cabaret et un autre cavalier (10) La marge au bas coupée. Faible d'épreuve. 1

768. Cheval, attaché à une mangeoire en avant d'une maison à gauche (11) Premier état avant le numéro. Très belle épreuve. 1

769. Villageois assis gardant une meute (12) Premier état avant le numéro. Idem. . . . 1

STRANGE, ROBERT.

770. Jules César répudie Pompeja et reçoit Calpurnia comme sa femme; d'après Pietro da Cortona; tr. gr. Fol. en h. 1

771. Romulus et Rémus trouvés sur le bord du Tibre; d'après le même; tr. gr. Fol. en h. Pendant à la précédente. 1

STREET, G. C.

772. The Wandering Sailor. Le Matelot abandonné; d'après H. Singleton; gr. Fol. en h. mezzotinto; belle pièce dans le goût flamand; très belle épreuve. 1

SURRUGUE, LOUIS.

773. David Teniers fait dire la bonne aventure à sa femme; d'après D. Teniers; gr. Fol. en l. . . . 1

SUYDERHOEF, JONAS.

774. Bacchanale ou Bacchus ivre soutenu par un Satyre et un Bacchant; deux Bacchantes au devant; d'après Rubens; gr. Fol. en l. Hequet Nr. 8. . . . 1

774. a. Constantinus L'empereur ab Oppyck, St. Theologiae D. Professor etc. d'après Baudrigen. . . 1

SWANEVELT, HERMANN.

775. Mercure imposant silence à Battus (95) à gauche le N. 4 et H. Swanevelt fecit Romae — Battus transformé en pierre (96) à gauche la Nr. 1. H. Swanevelt fecit Romae. 2

Nro.

776. La fuite en Egypte (97) Epreuve où l'excudit est effacé. 1

777. La fuite en Egypte (98) Idem. . . . 1

778. La fuite en Egypte (99) Idem. . . . 1

779. L'histoire d'Adonis. Suite de six estampes (101—106) Second état, où l'excudit est effacé. Belles épreuves. 1

780. St. Madelaine en pénitence (107) Troisième état à Paris chez Vankock. 1

781. St. Paul premier ermite et St. Antoine (110) Et excudit et l'adresse Bonard effacés. . . 1

782. Balaam arrêté par l'ange du Seigneur (111) Poilly excudit. 1

783. Le petit lac; Fol. en l. Hermann Swanevelt pinxit. Basan excudit. 1

F. T. (N. 308. des Monogrammes du P. Gr.)

784. Le dîner impérial 1561 (1) Pièce très rare. Belle épreuve. 1

TANJÉ, PIERRE.

785. Portrait de Fagel; d'après G. J. Xavery; Fol. en h. 1

TASSAERT, PIERRE-JOSEPH.

786. Le Prophète Jonas jeté dans la mer; d'après P. F. Rubens; gr. Fol. en l. gravée à l'eau-forte. Rare. . 1

787. Vénus et Adonis sur son départ pour la chasse; d'après le même; gr. Fol. en l. Basan N. 51. gravée à l'eau-forte. Rare. Très belle épreuve. . . 1

TAYLOR, ISAAC.

788. The Murder of David Rizzio the 9. of March 1566; d'après J. Opie 1791. gr. r. Fol. en l. Pièce capitale d'un beau burin et très belle épreuve. . 1

TEMPESTA, ANTOINE.

789. Les âges primitifs; Fol. en l. Antonius Tempesta in. R. de Baudous exc. Suite complète de quatre estampes. 4

*

Nro.

TESTA, PIETRO.

790. Abraham prêt à sacrifier son fils (2). Premier état sans adresse. . . . . : 1
791. St. Jérôme en pénitence dans le désert. (15). Premier état. 1
792. Le sacrifice d'Iphigénie. Composition de beaucoup de figures (23) Second état sans la dédicace. . 1
793. La Paix peint le portrait du pape Innocent X etc. (31.) Second état avec l'adresse de Rossi. . . 1

THIELE, JEAN-ALEXANDRE.

794. Das alte Elbthon bey Pirna; prise de deux côtés. A. Thiele ad viv. del. et fec. Aqua forti 1742. — Der schöne Brunnen bey Schönburg. ed viv. del. et fec. A. Thiele 1743. 2

THOMASSIN, PHILIPP.

795. St. Catherine embrassant l'enfant Jésus, à côté d'elle la Vierge et le petit St. Jean, au bas de la gauche un pape à mi-corps; d'après Fr. Vanni 1597; tr. gr. Fol. en h. Très belle épreuve. . . . 1

THOMASSIN, HENRI-SIMON.

796. Carolus Cignani, Pictor etc. d'après Felix Cignani; ovale Fol. en h. — Jean Thierry, Sculpteur etc. d'après N. Largillière; gr. Fol. en h. . . . 2
797. Moyse épouse Séphora; d'après C. le Brun; Fol. en l. 1

TOMBA, LUIGI.

798. Prima Famiglia; d'après Vinc. Camuccini; tr. gr. Fol. en h. 1

TOMKINS, P. W.

799. The Wolves descending from the Alps; d'après W. Hamilton, 1798. Fol. en h. 1

TORTEBAT, FRANÇOIS.

800. Abraham et Isaac se rendent au lieu du sacrifice; d'après S. Vouet; tr. gr. Fol. en l. P. Gr. Fr. III. 1. . 1
801. Le Voeu de Jephté; d'après le même; tr. gr. Fol. en l. P. Gr. Fr. III. 3. 1

Nro.

TRIERE.

802. Hercule entre la Volupté et la Vertu; d'après Gasp. Crayer; gr. Fol. en h. 1

TRIVA aussi DE TRIVIS, ANTOINE.

803. Repos en Egypte. (2) Belle. . . . 1

TURNER, CHARLES.

804. View of Dunkeld; d'après H. W. Williams; gr. imp. Fol. en l. à l'aquatinta. 1

804. a. The delivery of the ratified Treaty of 1790 by S. Ch. Warre Malet to his Higness Soune Madarow Narrain Peshwa at Poonah the capital of the Mahratta States in the East-Indies; d'après Th. Daniel; tr. gr. imp. Fol. en l. avec une feuille d'explication. 1

TRAUNFELLNER.

805. La Vierge avec l'enfant; la Vierge à mi-corps tient l'enfant sur ses genoux; d'après Solimena; gr. Fol. en h. en manière noire. Avant la lettre. . . . 1

UYTENBROUCK, MOISE.

806. Mercure endormant Argus (25) M. Uytenbrouck excudit. Belle. 1

807. Mercure et Battus (29) M. Uytenbrouck excudit. 1

VAILLANT, JEAN.

808. Petit paysage; gr. 4. gravé à l'eau-forte. . . 1

VAILLANT, VALLERANT.

809. Susanne au bain surpris par les Vieillards; d'après le Dominiquin; gr. Fol. en h. Pièce très estimée et rare. Très belle épreuve. . . 1

810. Les amours d'Anchise et de Vénus; d'après Ann. Carrache; Fol. en h. Très belle pièce et superbe épreuve. Rare. 1

810. a. Un homme assis joue du luth, derrière lui un autre tenant de la main gauche un verre. Fol. en h. Rare. . 4

VALLÉE, SIMON.

811. Jean de Troy, Peintre; d'après Fr. de Troy; gr. Fol. en h. 1

Nro.

VALLET, GUILLAUME.

812. François Joseph de Lorraine de Guise, Duc d'Alençon; d'après Ant. Paillet; ovale gr. Fol. . . . 1

VANGELISTI, VINCENT.

813. Claude Marc Antoine d'Apchon Archevêque d'Auch; Primat etc. d'après Tischbein; gr. Fol. en h. . . 1

814. Portrait de J. Délille, l'un de quarante de l'Académie Française, Lecteur Royal etc.; vu en buste dans une bordure ovale posé sur un piedestal, et entouré de différentes accessoires qui comme le basrelief dans le piedestal ont relation aux oeuvres de ce célèbre poète, d'après A. Pujos; Fol. en h. Très belle épreuve. Rare. . . 1

VANLOO, JOSEPH.

815. Les Soldats en bonne humeur. — Le Village pillé par les Pandoures hongrois; d'après Bregdel (Bredael) Fol. en l. Rares. 2

VASSEUR, JEAN CHARLES LE.

816. Adam et Eve chassés du Paradis; d'après Gius. Cesari dit le Josepin; gr. Fol. en h. . . . 1

VEEN, GILBERT VAN.

817. La nativité, belle composition, des anges tiennent l'enfant aux maillots; en haut une grande gloire d'anges; d'après Paolo Franceschi; gr. Fol. en h. . . 1

VELDE, ADRIEN VAN DER.

818. La vache couchée (2) Anc. et belle épreuve. . 1
819. Le veau (8) Anc. et belle épr. . . . 1
820. Les chiens (9) Anc. et belle épr. . . 1
821. Les chèvres (10). 1

VELDE, JEAN VAN DER.

822. Les douze mois de l'année représentés par des beaux paysages; la dédicace à P. Venius; Fol. en l. J. C. Visscher excud. Rigal N. 803. Belle suite. . . 1

VENDRAMINI, J.

823. Le mariage de St. Catherine; d'après C. Maratte; gr. r. Fol. en h. 1

Nro.

VENTURINI, JEAN FRANÇOIS.

824. Chasse donnée par Diane à ses Nymphes; d'après Dominiquin; tr. gr. r. Fol. en l. Anc. et rare épreuve. 1

VERKOLJE, NICOLAS.

825. Agar consolée au désert par un ange; gr. Fol. en h. N. Verkolje pinx. et fecit. G. Valck excud. 1

826. Un jeune homme vu à mi-corps dessinant; d'après G. Schalken; pet. Fol. en h. 1

VERMEULEN, CORNEILLE.

827. Joannes de Brunenc, Lugd. Franc. Thesaur. Comes; d'après Rigaud; Fol. en h. 1

828. Nicolas de Catinat, Maréchal de France; C. Vermeulen sculpsit et ex. ovale gr. Fol. en h. . . 1

829. Fredericus Leonard, B. Regis et S. Delphini Architypographus; d'après Rigaud; ovale pet. Fol. . . 1

830. Bardo Bardi Magalotti G F. Lieut. général et Gouverneur de Valenciennes; d'après de Largillière; dans une bordure ovale, ornée d'un rideau; gr. Fol. en h. Belle épreuve. 1

831. H. Meyercron, S. M. R. Daniae, Norvegiae etc. apud Regem Christianissimum Abligatus etc. d'après Rigaud; gr. Fol. en h. 1

VERTUE, GEORGE.

832. Joannes Milton; Fol. en h. Belle et rare. . 1

VILLAMENA, FRANÇOIS.

833. L'Annonciation de la Vierge; d'après M. Arconius; Fol. en h. apud. Car. Losi. . . . 1

834. St. Famille dite la Vierge à la fenêtre, ou del Impanato; d'après Raphaël; tr. gr. Fol. Hyacinthi Paribenius Formis. 1

835. La Présentation au temple; d'après Paul Véronèse; gr. Fol. en l. — St. François à genoux recevant les stigmates; d'après Barroche; gr. Fol. en h. . . 2

Nro.

VISSCHER, CORNEILLE.

836. Une sainte Famille; l'enfant Jésus assis sur les genoux de la Vierge à un pied appuyé sur un oreiller, St. Jean lui présente des fruits; St. Joseph se voit dans un lointain la tête appuyée sur sa main; d'après Palma; gr. Fol. en l. Basan N. 8. Winkler. V. 314. 22. Rare. Anc. et belle épreuve. 1

837. Une Vierge tenant dans ses bras l'enfant Jésus, elle est environnée d'Anges, dont deux la couronnent; d'après Rubens; Fol. en h. Basan N. 19. Au milieu une tache. 1

VISSCHER, JEAN.

838. Diversa Animalia Quadrupedia: 1) Vache buvant à la fontaine, à gauche un paysan sur un mulet. 2) Deux vaches avec quelques moutons près d'une rivière, un garçon parle à une femme. 3) Muletier qui lève le bâton pour frapper les mulets, devant lui: 4) Villageois raccommodant le fer d'un âne; d'après Berghem; gr. Fol. en h. Winter N. 76—79. avec la première adresse de Frederick de Widt dans les marges de N. 1—4. . 4

VIVARES, FRANÇOIS.

839. A Landstorm; Orage à la campagne avec des voyageurs; d'après Gaspar Poussin 1754; gr. Fol. en l. Très belle épreuve. 1

840. Vénus servie par les Grâces; d'après Patel; grand paysage en l. (Les figures sont gravées par Fr. Bartolozzi) Idem. 1

841. Beau paysage avec fabriques et figures; d'après Tull; Fol. en l. Très belle épreuve. . . . 1

842. Grand paysage en l. sur le devant un homme assis sur un tronc d'arbre se lave les pieds au bord de l'eau et parle à une femme qui est debout près de lui; d'après G. Lambert; 1749. Idem. 1

VLIEGER, SIMON DE.

843. Le levrier et le chien courant (11) Tachetée. . . 1

844. Les deux levriers (12). 1

845. Le cheval au pâturage (13). . . . 1

Nro.
846. Le cheval de traîneau (14). 1
847. Les moutons (15). 1
848. Les porceaux gras (16). 1
849. Les oies (17). 1
850. Les dindes (18). 1
851. Les chèvres (19). 1
852. Le chien enchaîné (20). 1

VLIET, JEAN-GEORGE VAN.

853. Susanne et les deux Vieillards; d'après J. Lievens; (3) Hier. Swerts excudit. Morceau rare. Légèrement endommagée et collée. 1
853 a. Buste d'un Oriental; en bonnet et en face tourné vers la droite; d'après Rembrandt; Fol. en h. (B. N. 20.) Très belle. 1
854. Buste d'un vieillard; d'après Rembrandt (23) anc. Epreuve. 1
854. a. Le Goût; paysans buvants et mangeants; Fol. en h. (27). Très belle, collée. 1
855. L'Ouie; trois hommes qui font de la musique; Fol. en h. (28). 1
856. L'Odorat; un jeune homme souffle la fumée de tabac à une femme au visage (29) Belle. . . . 1
857. La Vue; un Astrologue à grande barbe les lunettes sur le nez lisant (31.) 1
858. Les arts et métiers; (32—49) Suite complète de dix-huit estampes. Belles épreuves d'une égale impression et bonne conservation. . 18

VOET, ALEXANDRE.

859. Claudius Salmasius etc. ovale Fol. en h. Le coin droite du bas de l'inscription dédommagé. . 1
860. Portement de Croix; d'après Joan. van Hoeck; gr. Fol. en l. Très belle épreuve. . . . 1

VOLPATO, JEAN.

861. Veduta della Città di Roma dalla parte di Monte Mario presa nella sua estensione del Piazzo del Popolo sino alla Basilica di S. Pietro in Vaticano; d'après Fr. Panini; en trois planches in imp. Fol. en l. non jointes. . . 3

Nro.

VORSTERMAN, LUCAS, LE VIEUX.

862. D. Gerard Seghers peintre; d'après Ant. van Dyck; Fol. en h. D. Gerardo Seghers Pictori Antv. etc. amicitiae ergo L. Vorsterman D. Martin van den Enden exc. 1

863. Thomas Morus, tenant sa barbe et des tablettes de l'autre main: Heroa cernis? Morus est etc. d'après H. Holbein; pet. Fol. en h. . . . 1

864. Un vieillard promettant à un jeune homme une couronne de fleurs pour prix du jeu de la flûte; d'après le Parmesan; Fol. en h. Très belle épreuve. . . 1

865. St. Famille: la Vierge assise, à côté d'elle St. Anne, tient sur ses genoux l'enfant Jésus qui a un pied sur son berceau; St. Jean à droite lui présente des fruits; Veniat dilectus meus etc. d'après Raphaël, gr. Fol. en h. Rare. Très belle épreuve. . . . 1

866. St. Laurent Martyr. Pietate Reverendo etc. d'après Rubens; gr. Fol. en h. Basan N. 34. L. Vorsterman sculp. et excud. anno 1621. . . . 1

WAGNER, JOSEPH.

867. La Transfiguration sur le Tabor; d'après Louis Carrache; tr. gr. Fol. en h. 1

WALLIS, ROBERT.

868. Castel Buono — Biscari val di Noto (en Sicile); d'après P. Dewint; pet. Fol. en l. papier du Chine. . 2

WARD, WILLIAM.

869. The delightful Story; d'après G. Morlard; Fol. en l. en manière noire. 1

870. Hay-makers; d'après J. Ward; gr. r. Fol. en l. Lettre ouverte. Très belle épreuve. . . 1

871. Annette et Lubin; d'après J. R. Smith. — The Musing Charmer; d'après lui-même. 2

WATSON, THOMAS.

872. Circé; d'après D. Gardner; ovale pet. Fol. en manière noire. 1

Nro.

WEIROTTER, FRANÇOIS-EDMUND-WESTERHOUT, ARNOLD VAN.

873. Chûte d'eau, d'après Dietricy; gr. Fol. en h. — Udienza data da N. S. Innocenzo XI. al Guido Tachard della Comp. di Gesù ed ai tre S. Mandarini inviati a S. Sa. dal Re di Siam, il dì 27. Stpre. 1668. Fol. en l. . . . 2

WIERX, ANTOINE.

874. L'Adoration des bergers; Origines contra Celsum etc. Fol. en l. Anton Wierx figur. sculp. et excud. Pièce rare. 1

875. La Circoncision; riche composition. Eodem in quo natus est loco etc. Fol. en l. Anton Wierx figurav. sculp. Joan. Collaert excud. Rare. . 1

876. L'Adoration des Rois; riche composition. Ecce in hoc parvo terrae etc. Anton Wierx figur. sculp. et excud. Rare. 1

WIERX, JÉROME.

877. La descente de croix; grande composition de sept figures; d'après M. de Vos; Fol. en h. Rare. . . 1

WILLE, JEAN-GEORGES.

877. a. Louis XV, Roi de France, en buste; Ludovicus victor et pacator, dans une ovale ornée d'armes; d'après Moyne et Heilmann; gr. Fol. en h. . . 1

878. Jean Baptiste Massé Peintre et Conseiller de l'Académie royale de Peinture etc. d'après L. Tocqué 1755. tr. gr. Fol. Pièce capitale et très belle épreuve. . 1

879. Joseph Parrocel, peintre de Bataille etc. d'après Rigaud 1744; ovale gr. Fol. Belle. . . . 1

880. Gazetière hollandaise; d'après Terbourg; gr. Fol. Bonne épreuve coupée tout autour. . . 1

881. La mort de Marc-Antoine, grandes figures; d'après P. Battoni; tr. gr. Fol. en l. Pièce capitale en très belle épreuve. 1

882. Sapeur des Gardes Suisses dessiné et gravé par Wille; Fol. Belle épreuve. 1

*

Nro.

883. Variétés de Gravures, faites en différentes époques et terminées en l'an 8 et 9 de la République etc. à Paris 1801. Trente sept feuilles dans un cahier offrant des études, figures, bustes et paysages etc. gravé par Wille. . . 37

WILLMANN, MICHAEL.

884. Arbre généalogique de Jésus; riche composition grav. à l'eau-forte d'une pointe très spirituelle; Fol. en h. Belle épreuve. Morceau très rare. . . 1

885. L'Assomption de la Vierge en présence des Apôtres qui expriment leur admiration 1683. tr. gr. Fol. en h. Assez belle épreuve. Eau-forte belle et rare. Collée. 1

WINDTER, J. W.

886. Fridericus Ernestus Finkler, J. C. et Reip. Nor. Cons. etc. d'après J. L. Hirschmann; tr. gr. Fol. en h. — Maria Salome Ebnerin von Eschenbach, geb. Löffelhölzin etc. d'après M. F. Kleinert; gr. Fol. en h. . . . 1

WOEIRIOT, PIERRE.

887. Le Philosophe Pérégrin Proteus se brûlant en présence de tout le peuple. — Le corps d'un héros est posé sur le bûcher pour être brûlé; 12. en l. Rare. . . 2

888. La femme d'Asdrubal se jetant avec ses deux enfans dans les flammes d'un bûcher; d'après Peruzzi; pet. in Fol. en l. 1

WOOD, JOHN.

889. The Lake of Nemi or Speculum Dianae; d'après R. Wilson; gr. r. Fol. en h. 1

WOOLLET, WILLIAM.

890. Mr. William Woollett, historical Engraver etc. pet. Fol. en h. Gabriel Stuart pinxit. Caroline Watson sculpsit 1785. Belle épreuve. . . 1

891. Niobé, grand paysage héroïque avec une tempête; d'après R. Wilson 1761. tr. gr. r. Fol. en l. Très belle anc. épreuve. 1

Nro.

892. Macbeth qui rencontre les sorcières, belle composition; d'après F. Zuccarelli 1770. tr. gr. r. Fol. en l. Très belle épreuve avec l'adresse de Charlotte-Street. 1

WRENK, FRANÇOIS.

893. Scène des bergers; d'après N. Poussin; tr. gr. Fol. en l. en manière noire. Avant la lettre et les noms d'Artistes. 1

WYCK, THOMAS.

894. La fileuse au fuseau (1) Extrêmement rare. Anc. et très belle épreuve. . . . 1
895. Les joueurs (2) Très belle épreuve. . . 1
896. La couseuse (3) Idem. 1

ZANCON, GAETANO.

897. Veduta dal Monte Cogorar à Pagnan; d'après P. Marchioretto; Fol. en l. — Vue de la Contrée de Dürnholz d'après le même; tr. gr. Fol. en l. . . . 1

ZATZINGER ou ZAGEL ou ZINK Martin (Bartsch N. 251. de monogrammes VI. 371.).

898. St. Ursule (10). 1
899. L'embrassement; homme et femme s'embrassant dans une chambre 1503 (15). Morceau d'un grand fini et de la plus grande rareté etc. Très belle épreuve 1
900. Les soldats; Marche militaire précédée d'un tambour et d'un fifre (20) Très rare. Collée. . . 1
901. Lueur et obscurité (21). 1

ZEEMAN, REINIER.

902. Recueil de plusieurs navires et paysages (6—18.) Suite complète de 13 estampes y compris le titre. Premier état et se vendent à Paris chez F. van Merlen. 13
903. Quelques navires. (39—46). Suite complète de huit estampes. Premier état avec l'adresse de van Merlen. 8

Nro.

904. Vues de Paris et de ses environs (55—62) Suite complète de 8 estampes. F. de Widt excudit. 8

905. Différens vaisseaux d'Amsterdam (87—98). Suite complète de douze Estampes numérotées. Premier état: C. Danckerts excudit. . . 12

906. Regeliers Poort (à Amsterdam) (120) C. Danckerts excudit. Belle et rare. . . . 1

907. Saagmeulens Poortie (à Amsterdam) (122) C. Danckerts excudit. Belle et rare. Collée. . . 1

908. Haerlemmer Poort (à Amsterdam 1617) (123). Belle et rare. Collée. 1

909. Raam Poortie (à Amsterdam) (124) C. Danckerts exc. Belle et rare. 1

910. St. Antonis Poort 1636 (à Amsterdam) (125) Idem. Idem. 1

911. Heyligewechs Poort 1630 (à Amsterdam) (126) Belle et rare. Collée. 1

ZINCKE.

912. Leo XII. P. O. M. Annibale della Genga; pet. Fol. en h. 1

ZIX, BENJAMIN.

913. Bivouac d'Infanterie légère — Bivouac de Houssards; dessiné et gravé à Paris par Zix. . . . 2

ZOCCHI, GIUSEPPE.

914. L'enlèvement d'Europe; deux différentes compositions par Sim. da Pesaro; in Fol. . . . 2

---

915. The Magnifical Form usualy observed in the Procession to the Coronations of the Kings et Queens of England also the Representation of the several and Sacred Habits, Imperial Crowns, Scepters, Orbs, Rings etc. with which their Majesties are Crowned and Invested Likewise a Draught of the St. Edward's Chair etc. etc. Collected from Sandford and other best Authorities. Printed et Sold by Th. Bowles etc. en deux planches; tr. gr. imp. Fol. Rare. . . . 1

916. Plans et Elévations de Gossford-House en Ecosse, château du Lord le C. de Wemyss; 4 pl. — de Thornes-

Nro.

House dans la Prov. de York, la résidence de J. Milnes; 2 pl. — de Denton-Hall dans la Prov. d'York, la Résid. de S. H. Ibbetson; 2 pl. en tout 8 pl. tr. gr. en Fol. . 1

917. Trente deux Vues de Venise; gravées d'après A. Canaletto, Batisti etc. par M. Giampiccoli, gr. Fol. en l. 32

918. Pitture del Salone Imperiale del Palazzo di Firenze si aggiungnono le pitture del Salone e Cortile delle Imp. Ville della Petraja e del Paggio a Cajano, Opere di varii celebri Pittori Fiorentini in Tavole XXVI (gravées par C. Faucci, C. Gregori A. Faldoni, G. Giampicoli, G. E. Morghen, G. M. Preisler, G. E. Seuter etc.) tr. gr. r. et imp. Fol. In Firenze anno 1751. Première Edition, beaucoup plus estimée que celle de 1766 (Ebert 16979). Reliée . . 26

919. Canova's Werke. Sammlung von lithograph. Umrissen nach seinen Statuen und Basreliefs, begleitet von einem erläuternden Text über jedes einzelne Werk nach den Urtheilen der Gräfin Albrizzi u. den besten Critikern nebst dem Leben Canova's von H. de Latouche. 20 Lieferungen. Stuttgart. kl. Fol. Complet. . . . 20

920. Le Antichità di Ercolano esposte. Abbildungen der Gemälde und Alterthümer von Herculanum, nebst ihrer Erklärung von Chr. G. Murr. Nach den Orig. Kupferstichen in Cartoni verfertiget von G. Chr. Kilian und Johann Nussbiegel. 7 Theile. Augsburg 1777—1793. Fol. 7

921. Oesterreich's Ehrenspiegel. National-Prachtwerk herausgegeben von B. Höfel, v. Bohr und A. Reitze. 12 Hefte mit Portraits in Haut-relief-Manier nach den Modellen des k. k. Medailleur D. Böhm nebst Biographien von F. Tschischka. Complet. . . . 12

922. Tischbein, Jean-Henri. Sammlung von 170 Kupferstichen nach Zeichnungen von Agricola, Bellinus, Berghem, Both, Eckhout, Hirt, Jordans, Junge, Lievens, Oudry, Piazetta, Pforr, Potter, Rembrandt, Ridinger, Roos, Roos de Tivoli, Romeyn, Ruthard, Ruysdael, Teniers und Tischbein; sämmtlich in Kupfer radirt und geätzt

Nro.

von J. H. Tischbein, Inspector der Gemäldegallerie zu Kassel. Zwickau. Reliée dans un volume. . 1

923. Diverses estampes par Ardell, Arnold, Bloemart, Bottschild, Danckerts etc. 8

924. Diverses estampes par Glauber, Facienda, Falconi, Faldon, Jode etc. 8

925. Diverses estampes par Sadeler, Scarsello, Scataglia, Schmutzer, Vischer etc. 8

LITHOGRAPHIES.

926. Rossini; H. Grevedon del. Milano presso et Pasq. Antonia. Très belle épreuve sur papier de Chine; gr. Fol. 1

927. G. Sand (Madame Dudevant); d'après le Médaillon de Mercier par Pol. Justus 2. Edition; ronde Fol. . 1

928. L'histoire de Paul et Virginie; A. Deveira del.; gr. Fol. en l. Suite complète de six morceaux. . 6

929. Sujets de Chasses par Decamps; publiés et imprimés par Gihault Fr. à Paris; in Fol. en l. Suite complète de six morceaux. . . . 6

930. Quatre Vues de la Seine: Harfleur, vue de l'embouchure de la Seine. — Tancarville — Quilleboeuf. — La Moilleraie. Deroy del. Fol. en l. Vue de la cour sous la principale entrée du vieux Louvre. — Façade principale sur le Quai d'Orsay; dessiné et lithographié par Is. David; Fol. en l. 6

931. Veduta della Città et del Porto di Genova, ecc. disegnata dal vero da A. Pittalinga, litohogr. Ponthenier 1829. gr. r. Fol. en l. Temschus im Hatzeken-Thal in Siebenbürgen, einziger Uiberrest von Ulpia Trajana; gr. Fol. en h. Coloriée. 2

932. Vive le Vin. — Vive l'amour; Roehn inv. et del. Publié par Noël et C. gr. Fol. en h. Papier de Chine. 2

933. Une Marine: Le Matin- Marée montante C. Roqueplan pinxit. H. Garnier lith. gr. Fol. en l. Papier de Chine. 1

Nro.

934. Une Marine: Gros Temps C. Roqueplan pinxit H. Garnier lith. gr. Fol. en l. Idem. . . 1

935. La Charité romaine; gemalt von Guercino (dans la galerie roy. à Berlin) gezeichnet von J. W. Beise; gr. Fol. en l. 1

936. Wallachischer Pferdefang; gemalt von Peter Hess; gezeichnet von Friedrich Höhe; r. Fol. en l. Très belle épreuve. 1

937. Die (Hirsch-) Lecke. — Die Flucht; Carl Forgacs del. tr. gr. Fol. en l. 2

APPENDICE DE DESSINS ORIGINAUX.

938. Divers sujets par van Ach, Aspertino, Balestra, le Bassan. 5
939. — — Bemmel, Battoni. . . 5
940. — — Berettini, Bergler, Bloemen. . 3
941. — — van den Borcht, Boresom, Breughel, Callot 4
942. — — Cambiasi, Camerich. . . 4
943. — — Cantagallina, Carroni, Carpioni. . 4
944. — — Casanova. . . . 2
945. — — Casanova, Cavedone, Cook. . 3
946. — — Fialetti, Fontebasso, Gheyn, Grimaldi. 6
947. — — Guercino, Hackert, Heidcloff. . 5
948. — — Herbst, Hunglinger . . 12
949. — — Herbst, Hunglinger. . . 10
950. — — Janscha, Ang. Kauffmann, Kilian. 5
951. — — Franz Kobell. . . . 4
952. — — Franz Kobell, Wilh. Kobell, Kriehuber. 4
953. — — Lairesse, Malvieux, Maratte . 5
954. — — Maratte, Maurer, Mengs, Meulen. 4
955. — — Mössmer, Niederhöfer, Oeser. . 5
956. — — Ott, Patenier, Piazzi. . . 4
957. — — Pardenone, Pozzola, Preissler. . 5
958. — — Rademaker, Rainaldi. . . 2
959. — — Raulino. . . . 1
960. — — Raulino. . . . 1
961. — — Reuter, Ricci. . . . 5

Nro.				
962.	Divers sujets	par	Ricci (Marco.) . . .	2
963.	—	—	Ricci (Marco.) . . .	1
964.	—	—	Rosa, Rugendas. . .	6
965.	—	—	Schäffer Jos. . . .	2
966.	—	—	Schütz Franc. . .	3
967.	—	—	Seltsam, Solimene. . .	2
968.	—	—	Stark, Tiepolo. . . .	3
969.	—	—	Tischbein, Traunfellner, Wagner.	3
970.	—	—	Wagner. . . .	3
971.	—	—	Watteau, Weyerman. . .	6
972.	—	—	Weirotter, Wutky, Zuccaro. .	4
973.	—	—	Frise antique, neuf pièces etc. .	11
974.	—	—	Grand paysage à l'aquarelle. .	1
975.	—	—	— — — .	3

www.ingramcontent.com/pod-product-compliance
Ingram Content Group UK Ltd.
Pitfield, Milton Keynes, MK11 3LW, UK
UKHW021221230726
13926UKWH00003B/1159

9 782016 112908